MÌNTƆLÔK MI BƗBÀŊGA
NÌ MÌNLÒŋ MI
KAÀT PUBI
2025

I0186072

Ŋgɔ̀bɔ̀l nì Ɓàsàà ɓa Kamèrûn ì:
"Die täglichen Losungen und Lehrtexte
der Brüdergemeine
für das Jahr 2025"

SCOBA, B.P. 5 Makak / B.P. 30272 Yaoundé, CAMEROUN

Copyright of this edition © 2025
Quiet Waters Publications
General Editor: Pierre Emmanuel Njock
Design: George Njock

All rights reserved. No part of this book may be used or reproduced without written permission, except in the case of brief quotations embodied in critical articles and reviews.

Quiet Waters Publications
Springfield, Missouri
www.quietwaterspub.com

ISBN 978-1-962698-09-2 (USA)

ISBN 978-3-911124-14-0 (DE)

AIDE POUR LIRE ET ECRIRE LA LANGUE ɃÀSÀA

La porte qui donne accès à la lecture et à l'écriture facile du ɃÀSÀA MODERNE s'ouvre à deux tours simples: le tour musical ou audio et le tour visuel ou alphabétique. Ces deux tours comprennent respectivement sept et cinq petits signes à retenir.

1. **Le tour audio/musical**: Comme la plupart des langues Bantu, le Ɓàsàa est une langue musicale à plusieurs tons. Il faut faire très attention à ces tons afin d'éviter tout malentendu ou tout contresens. Voici quelques exemples:

(1) **Le ton haut**: kop |kóp| une poule; verser. at |át| rejoindre. nɔl |nɔ́l| tuer

(2) **Le ton bas**: kòp |kòp| la peau d'un animal. àt |àt| coudre, lier. nɔ̀l |nɔ̀l| rire.

(3) **Le ton moyen**: sɔsɔ̄ |sɔ́sɔ̄| grand [sɔsɔ̄ nùga (i) bikay] Kilēm |kílēm| nom propre! Ɓayihā |Ɓáyíhā| nom propre!

(4) **Le ton descendant (haut-bas)**: câp |câp| couper le bois, pên|pên| une peinture, lɛmbê |lɛ́mbê| mentir.

(5) **Le ton montant (bas-haut)** jŏl |jŏl| le nez, mǎn le bébé; l'enfant (le fils) de, nɔ̆l |nɔ̆l| ris! (du verbe "rire")

(6) **Le ton haut-moyen**: ɓāŋ ne. . . plus|pas Tɔ̄ ù ǹyēn i sī. même si tu t'assieds À ǹsēk njɛèl Il a barré la route.

(7) **Le ton moyen-bas**: Ìsɔŋ nǟn nu ŋgìì votre père céleste. Mè ǹsɔmb kilɔ̄k J'ai acheté une montre.

2. **Le tour visuel/alphabétique**:

Il s'agit ici de **cinq lettres** de l'alphabet bien, peu ou pas connues de la plupart des langues européennes (en particulier du Français, de l'Anglais et de l'Allemand). **Voici les cinq lettres présentées en minuscule et en majuscule: (1) ɓ Ɓ** un "b" implosif : ɓep |ɓép| "frapper, battre". **(2)** c C Câd: se prononce comme "tch", |tʃâd| dans Tchad.

(3) ɛ Ɛ Ɛ „un arbre". Se prononce comme **"ai"** dans les mots français: lait, laid. **(4)** ŋ Ŋ aŋ "lire". Se prononce comme **"n"** de "in" dans le mot français: fin; **comme "m"** de "aim" dans faim ou **comme "n"** de "ein" dans "teint".

(5) ɔ Ɔ ɔŋ "construire, bâtir". Se prononce comme "o" dans les mots français: **fort, corps**.

KÀÀT PUBI, Kààt Nyambɛ nì màkedêl ma helī, AGLC*, ì bipām 2016 + 2017! Màlombla ma Yɔndɔ kî 2023. Ɓana ìyɔ̀ŋ kaàt mû! Ù ŋwàs ɓáŋ yɔ̀ lɛ i ɓôp! Aŋ yɔ̀ hi kɛl! *Mìntɔlɔ̂k* à gahōla wɛ mū ī ēŋa ini!

KÀÀT PUBI, ta Bible ɓàsàa en AGLC est publiée depuis 2016 + 2017! Le Nouveau Testament aussi en 2023! Aies ton exemplaire et ne le laisse pas moisir ; mais lis-le chaque jour. Mìntɔlɔ̂k t'aidera dans cet exercice!

KÀÀT PUBI, your ɓàsàa Bible published in GACL** is ready since 2016 + 2017! Also, The New Testament since 2023. Have your own copy! Don't let it go mouldy but read it every day. *Mìntɔlɔ̂k* shall help you in this exercise!

KÀÀT PUBI, deine ɓàsàa Bibel gedruckt in AGLC ist 2016 + 2017 erschienen! So auch das Neue Testament 2023. Hab dein eigenes Exemplar! Lass es nicht verschimmeln sondern lies es jeden Tag, Mìntɔlɔ̂k wird dir in dieser Übung helfen.

SCOBA 2024
B.P. 30272 Yaoundé, Cameroun
Tel. (237) 674227895; Email: doc.njock@yahoo.fr

*AGLC, **A**lphabet **G**énéral des **L**angues **C**amerounaises
** GALC, **G**eneral **A**lphabet of **C**ameroonian **L**anguages

Titre en Français : "Paroles et Textes" en langue ɓàsàa du Cameroun, une traduction de : *"Die täglichen Losungen und Lehrtexte der Brüdergemeine für das Jahr 2025"*

Livre de lecture quotidienne des Ecritures Saintes et d'Initiation à l'Orthographe Moderne des Langues Camerounaises.
Coordinateur de la traduction en Ɓàsàa : Pierre Emmanuel Njock (PEN)
Première édition : 1980 ; aujourd'hui la 45ième.

SCOBA-Kaya, B.P.5 Makak ou B.P. 30.272 Yaoundé, Cameroun.
E-mail : doc.njock@yahoo.fr

45ième édition:
Traducteur et saisie: PEN
Traitement pour impression: MANGELE MA NJOCK MBOMBOK
Georges Gandhi (MMNMGG), PEN
Contributions: Mme Esther PONDI, RIBERT
Révision: MMNMGG
Distribution & Marketing: **ǸTOŊ ƁAPEMÊS**
(Rev Dr. Jean Luc & Mme Esther PONDI, Richard Herbert
NJOCK NJOCK (RIBERT), MMNMGG)

PREMIÈRES:
Version Kindle & Amazon disponible en ligne

Ɓàŋga (i) Ŋwɛt i ye yòmi nì ŋgùy,
i nhɔ̄ɔ ìlɔ̀ɔ̀ yɔ̀kǐyɔ̀ pànsɔ̀ŋ màlɔ̀ (i)maà. Hègel yɔkǐyɔ̄ i solī ɓē (i) mbɔ̀m yeè; ndi màm mɔmasonā ma ye ǹsɔ, ma ɓembī kì bisū bi nu dì ǹlama tîmbhè.

Lòk Hebèr 4 : 12a-13

La parole de Dieu est vivante et efficace,
plus tranchante qu'une épée quelconque à deux tranchants. Nulle créature n'est cachée devant lui, mais tout est nu et découvert aux yeux de celui à qui nous devons rendre compte.

Hébreux 4 : 12a-13

For the word of God is alive and active.
It cuts more keenly than any two-edged sword... There is nothing in creation that can hide from him; Everything lies naked and exposed to the eyes of the one with whom we have to reckon.

Heb. 4 : 12a-13
New English Bible

MÀMBÀDGÀ MA ŊWƐT:

Ǹjɛ mût tɔ̀ kinjē yɔ̀m ipɛ ù ntēe bisū ìlɔ̀ɔ̀ Ŋwĕt?

Ǹjɛ mût tɔ̀ kinjē yɔ̌m ù mɓòk nì sok hɔ̄ŋɔl hikìi kēl?

Bàa màkàŋ ma ŋēga mahɔŋɔ̀ɔ̀l nì bìɓòŋol gwɔŋ ɛ?

Bàà lep lièmb u ntīhba nììŋ yɔŋ tɔ̀ nìŋ i mût wɔ̌ŋ lìhàà, ŋgambi, hìjìŋgo nì ɓɔ̀ ŋgìt …lìkɛ bisū ù?

Bàa ù ŋ́yēŋ sombòl Ŋwet i ŋgèdà ù nhɛ̀k pêk tɔ̀ kit jàm ɛ̀? Ù ŋ́yɔŋ liɓim li ŋgedà li kolī īnyùu ēmblɛ̀ ɓàŋga i Ŋwet, tɔ̀le ù mɓòdol yaga ndigi ǹsɔn halà nì ɓɔ̀ŋ màm ma nlēmel wɛ ɛ̀?

Ǹjɛ mût wɛ̀ nì nyɛ nì gwèe mìndaŋ? I kèdɛ ndāp yɔɔ̀ŋ ɓòt tɔ̀ hɔ̀ma nûmpɛ? Ǹjɛ mût ù yɛ̀ ù ɓɔmà i ɓa ɓe wɛ ī ɓīda nì nyɛ? Ǹjɛ mût ù yɛ̀ u ɓɔma, ŋ̀em u kahal sīida wɛ lē à biɓɔ̀ŋ wɛ ɓeɓa jaàm tɔ̀le wɛ̌n ù biɓɔ̀ŋ nyɛ ɓeɓa jaàm?

Bàa ù gwèenɛ ŋgìm mùt hìun lɛ ù nlà ɓe ŋwehèl nyɛ ɛ̀? Bàa ù nnɔ̀ɔ̀de hola ɓôt ɓàpɛ ni màkèblà tɔ̀ nì màeba à? Tɔ̀le ù ntɔ̀ŋ ndigi nì wèmèdɛ nì nìŋ yɔŋ ɛ?

Bàa ù ntēeda mben Ŋwēt ìkɔ̀lɓà ndèŋg nì ɓòt ɓàpɛ tɔ̀ nì wèmèdɛ ɛ̀? Kinjē i ŋkwèha wɛ mbēn ìni?

Bàa ù gwèe yɔ̀m i ta ɓē ìyɔŋ tɔ̀le ù yɛ̀ ŋgì tìmbis yɔm ù bipɔ̀ɔ̀ ɛ̀?

Bàa ù nlà cēl ɓana yɔm mùt nûmpɛ à nlòòha ɓana ŋgôŋ ni yɔ̄ ɔ̀?

Bàa ù ntī Ŋwet ŋgàbà yàda mu ŋkùs wɔŋ ɛ?

Ǹjɛɛ ù ǹtɛɛmbènɛ? Ǹjɛɛ ù ǹtɛlɓɛne mbogī bìtembɛɛ ni nyɔ̀ tɔ̀ nì màtìlà?

Ǹjɛɛ ù ntām mu ŋēm wɔŋ inyùu tàlênd yee, tɛl yee tɔ̀ lìŋgwàŋ jee? Ŋgèdà ù nhègda wemède ni ɓòt ɓàpɛ, ɓàa ù nnɔ̀ɔ̀de sal nì hɔl nì kɔ̀n màsee, tɔ̀lɛ ù mɓòdol unûp è?

Ù yè lɛ ù nɛɛbɛ ɓɔ́ŋ maàm mɔmaso Ŋwĕt à ŋkàl wê, tɔ̀ jàm yàà li ù nnɔ̄k ɓēe, tɔ̀ li lī ta ɓē ŋgoōŋ yɔŋ ē̄? Mòy mana lɛ *mbŏm lām* tɔ̀ *mbŏm ɓē̄* ma ye mŏy ù mɓèna gwelèl è?

Màhola màkɛŋi mana inyùù yɔ̂ŋ: Halā kìi ù m̀māl aŋ mambàdgà mana, ɓêp ù ńyī ha ɓe kìkìì u ɓɔ̂ŋ. **Ndi Yesù à ŋkàl lɛ, *Nu kì à nlɔ̀ i mĕnī*, mè galùhul ɓe mɛ nyē̄.** Ndɔdla ì tà ɓe mû, biɓàŋga bini bi yenè kì inyùù yɔ̂ŋ.

Kòò bisu ù ǹlama nûp wɔn u ye lē̄: Tìla ndìmbhè mambàdgà mana mɔmasô, u pala kì eŋel yɔ mùt nu à nlà ti wɛ màeba inyùu màm ma mbuu! Ù nlà kɛ nī ɓōdoòl yɔsô. Mùt à ŋēga wɛɛ̀ à ganɔ̄k wɛɛ̀. Ndi ù hoya ɓáŋ lē̄ ù tà ɓe bisū bi muùt bìnàm, ndi bisū bi Ŋwet Nûmpubi.

- *Pastò Herbert FUCHS*
  ɓăt yāk Pierre Emmanuel NJOCK, B.P. 5 Makak,
  Cameroun, West Africa
  Tel. (237) 674227895

LE QUESTIONNAIRE DE DIEU :
Quelle personne ou quelle chose te sont plus importantes que Dieu ? A qui ou à quoi appartiennent tes premières et dernières pensées de chaque jour ?

Tes pensées et tes actes sont-ils guidés par la superstition ? La divination, l'horoscope, le spiritisme et la magie influencent-ils ta vie, ou la vie des membres de ta famille et tes prochains ?

Recherches-tu la volonté de Dieu dans tes projets et décisions ? Consacres-tu suffisamment de temps à l'écoute de la parole de Dieu ou te lances-tu dans le travail et les plaisirs ?

Avec qui es-tu en conflit ? Qui croises-tu avec indifférence ou plein de reproches au sein de ta famille ou ailleurs ? Es-tu prêt à porter une responsabilité même au-delà de ton rayon d'action personnel ?

Portes-tu rancune à quelqu'un et ne peux-tu pas lui pardonner ? Essaies-tu d'aider les autres matériellement ou moralement, ou ne penses-tu qu'à toi-même et à ton bien-être ?

Le commandement de Dieu prévaut-il pour toi dans le domaine sexuel en tenant compte des autres aussi bien que de toi-même ? Quelles sont les raisons pour tes défaites dans ce domaine ?

Es-tu en possession d'un bien illégitime ou n'as-tu pas rendu ce que tu as emprunté ? Peux-tu te passer d'une chose qu'un autre nécessiterait d'urgence ? Donnes-tu une part de ton revenu à Dieu ?

A qui as-tu menti ? A qui as-tu porté délibérément un faux et dur jugement par la parole ou par la plume ?

Qui envies-tu en secret pour ses talents, sa considération, son rang, ses biens ? Si tu te compares aux autres, es-tu poussé(e) à t'appliquer et à te réjouir ou es-tu aigri(e) ?

Es-tu prêt(e) à tout accepter de la main de Dieu, même ce que tu ne comprends pas et qui est contraire à tes désirs ? Les mots "fatalité" et "hasard" font-ils partie de ton vocabulaire ?

<u>**Une grande offre pour toi**</u> :

Après avoir lu ce questionnaire, peut-être te trouves-tu sans issu. Mais Jésus dit : "Je ne mettrai pas dehors celui qui vient à moi ". Sans exception, cette parole est aussi valable pour toi.

<u>**Ton premier pas à faire**</u> : Notes tes réponses et parles-en bientôt à quelqu'un qui peut te conseiller spirituellement ! Tu peux venir en toute confiance. Ton conseiller te comprendra. Mais n'oublies pas qu'en définitif, tu ne te trouves pas devant un homme mais devant le Dieu Saint.

Herbert FUCHS, Pasteur
S|C Pierre Emmanuel NJOCK, B.P. 05 Makak, Cameroun, West Africa. Tel. (237) 674227895

THE QUESTIONNAIRE OF GOD:

Which person or what thing is more important to you than God?

What do you think about first in the morning and the last thing at night?

Are you guided in your thinking and actions by superstitious ideas? Do fortune-tellers, horoscopes, spiritism and magic arts influence your life or those who live with you?

When you make plans and decisions do you seek God's will? Do you take enough time to listen to God's Word or do you try to escape it through work and pleasure?

With whom do you have strained relations? Within or outside of your family, are there those to whom you are indifferent or towards whom you feel reproach and scorn? Are you ready to take responsibility over and above your personal field of activity?

Is there someone who may have wronged you and whom you cannot forgive and then forget? Do you try to help others, outwardly or inwardly, or do you look for help only for yourself?

Is God's commandment the standard for you also in sexual questions, not only in relationship to others but also in regard to yourself? Where do you see the root of your failure in this field?

Have you illegally taken something for your own or not returned something which you borrowed? What do you possess that you don't really need, but that someone else needs badly? Does God receive his share of your earnings?

To whom have you lied? Whom have you judged deliberately, falsely or unkindly, either by writing or spoken word?

Whom do you secretly envy because of their personal appearance, reputation, position, abilities or possessions?

Can you rejoice with someone who has more than you or do you become bitter when you compare yourself with such a person?

Are you ready to receive everything as entrusted to you from God even that which you do not understand and which is not according to your personal desires? Do the words "good luck" and "bad luck" occur in your vocabulary?

The great offer for you: These questions may perturb you and bring you to your wit's end. Christ, however, has said, "He who comes to me, I will not cast out." This promise is for you too without reservation.

Your first step: Write down your answers and talk them over with someone who can counsel you spiritually. You don't need to be afraid. Your counsellor will understand you. But remember that you are not just in the presence of a person when you have this confidential talk, but that you stand before the holy God.

Rev. Herbert FUCHS
C/o P. Emmanuel NJOCK, B.P. 05 Makak, Cameroun, West Africa. Tel. (237) 674227895

MÀYÈGÀ

Dì ɲyéga Nyambɛ lē ìni Kàat MÌNTƆLÔK 2025 ì m̀pam! Inyùu ŋgèlè bìsu Kàat Pubi ì m̀mál tiīlɓana ni mbàdgà ǹtolâ ì ì mɓòdol ni "ɓàa" kìkìi Ɓàsàa ɓa mpɔ̄t hɔp wap. Jɔn ù gatēhe ni dihèga munu Mintɔ̄lɔɔk nunu ɓèbèè mòm imaà (20). Dìhèga dìhɔgi di mbâdga ǹtolâ: Ɓàa ù ŋkɛ̀ i sŭglù ù? - Ɓàà mɛ jɛk kɔ̀ga yɔŋ ɛ? Ndìmbhè ì ǹlama ɓa lɛ, Ŋ̀ŋ tòlɛ Ŋŋ/Tɔ̀/Hɛni...

I kēl 18.10.23 Saatàn à tindɛ ZMM i ōm ZEN lìkɔŋ. Ndi Nyambɛ à ega ZLP ī sɔ̄dɔɔ̀l jɔ ndèk dilɔ i mɓūs. Hanyēn ZMM à om ki AHN ǹlèlèm likɔŋ. Kà ì yè lɛ ǹsɔn u kòòbà Mìntɔlɔ̂k 2025 u lāmga tɛlɛɛ̀p. I ɓedā yaga lɛ ŋgandàk ŋ̀kùs i kólnana 4.11.23 inyùu màtibla... Dì lebā kolɛ̄. Ŋ̀get ì binɔ̀m ɓee, UG à tīlna ndigi ɓès lɛ ǹtɔŋ wee BIRINA u nomlɛ ɓes màhola mā yiī yāga ŋgɔlà cès liɓīm dì bikòlɛ nyɔnɔ̄. Mùt nyɔ̀ɔ à ɓe yi ɓē ndudù yès nyɔnɔ̄. Ndi màɓɔ̀nɔ̀k ma Nyambɛ mà! Nyɛn à ti ki ZEN màkend nì hola jìs jee li waalōm lɛ li tɛhna ndi à kóba Mintɔlɔ̂k 2025 nyēnso lìom 13.11. lìpam 29.11.23... Lìpem li ɓa nì Nyambê, Màn weē Yesù Krǐstò à yè toy nlèlèm yàni, nì lèn nì ìkèpam ī ɓɔ̀ga. (Lòk Hebēr 13:8). Dì ntī yaga ki jogà li ɓôt mâyègà inyùu màhola ɓā ntī ɓes i kòòbà kàat ìni. Dì ǹyɔ̄ŋ ndun i kīt màhòhà ma matìlà ma hɔp ɓasàa. Dì nsāl yaga ki mū ŋgandàk hi ŋwii! Ndi iɓālē màhòhà màpe ma ɲyeglè, halā à yè ndigi njɔ̀m yèm; à wɛ nū ù ŋāŋ ndi ù lèɓgà mɔ, sɔhɔ ŋwèhel mè, u pala yīhɛ mɛ màhòhà ù ǹlebā kì! Sɔhɔ tìlna mè, u ɔm ī ŋkūu bikàat Na 05 Makak, tòlɛ Na 30272 Yaoundé tòlɛ nì ndès màŋwìn doc.njock@yahoo.fr.

Dì ɲyéga mawanda mɔmasɔ mā nhola ni màeba, tɔ̀ nì bìgwèlmɔ̀ɔ inyùu ǹsɔn unu! Dì tinâk kì màyègà màkɛɲi inyùu ɓòt ɓa Herrnhut ɓa ɓā bihōla ɓes ŋgandàk ŋwii i sāa lìɓùlùs ìni

13

kàat Mìntɔlɔ̂k ndi ɓa biɓòdol ɓát lɛlaa dì nhɔ̄ŋɔl gwɛɛ̄l lini jàm kì ɓèhɓɔmèdɛ.

Lìom lèn di ɓodōl kòòba ti mahola ī pēmeès nì kàp MÌNTƆLƆ̂K ɓès ɓɔmèdɛ, di waa ɓèmb mahola mā mbedge! Ɓii yāga lɛ hìkoo hyada tɔ̀ ìlɔ̀ɔ̀ hâ hi ŋwii (1000fcfa+) inyùu kàat yàda.

Dì ńyèga ki ɓèè ɓa nì nsɔ̄ɔhɛ/ńyàgal hi ŋgedà inyùù yɛ́s nì inyùu ǹsɔn unu u ŋgwèlà; Ŋwɛ̆t à ntìmbhɛ masɔɔhè/mayàgàl manân! Lìpem li ɓa nì Nyɛ! Nyɛmèdɛ a sayāp yàk ɓèe!

Pierre Emmanuel Njock, Kàya/Màkàk, Màtop 2024.

Buk i ŋwii 2025:

Wànga yāga maàm mɔmasonā, ndi ni téŋɓɛ nì ma mā ye màlam!
1 Tèsàlonīkà 5,21

BUK I SOŋ: Yesù Krīstò à ŋkàl lɛ, Gweha ɓàɔ̀ɔ̀ ɓanân, ɓɔ̀ŋa ɓòt ɓa ŋɔ̀ɔ̀ ɓee lɔ̄ŋgeè, sàyɓana ɓā ɓā ntìlhɛ ɓee, sɔɔhana īnyùu ɓòt ɓa ntèèŋga ɓee! Lukàs 6,27–28

ŋWÌÌ YƆNDƆ:
Yesù Krīstò à yè n̄lèlèm yàni, nì lèn, nì ìkèpam ī ɓɔ̀ga.
Lòk Hebèr 13,8

Lukàs 4,16–21 :: Yàkobò 4,13–15 :: Yosùà 1,1–9

1. Ŋgwà Ŋgeè, Kɔndɔŋ
Ù kàl ɓaŋ lē, Mè yè màaŋgɛ, inyŭlē ù gakè yak tɔ ɓɔ̀nje mè gaɔ̄m weè, ù gapɔ̄t ki màm mɔmasonā mè gakàl wê.
Yèrèmià 1,7

Paul à ntìla lɛ, Mè ŋ́wēl ɓe mɛ Făŋglìùm hi Krīstò nyùu.
Romà 1,16

2. Ŋgwà Mbɔk, Kɔndɔŋ
Wɔ̀ŋi ɓôt u nnūŋgɛ kedī, ndi nu à mɓōdol Yehōvà ŋ̀ɛm à gaɓēdhana ŋgìì. Bìŋgèŋgên 29,25

À ɓembā tīdigi, nì kɔ̀n ɓaŋ wɔ̀ŋi, inyŭlē i nlemel Isɔ̄ŋ nàn i tī ɓèè anɛ yee. Lukàs 12,32

Yosùà 24,1–2a.13–18.25.26 :: Lukàs 3,1–6

3. Ŋgwà Kɔɔ, Kɔndɔŋ
'Bàà Nyambe à bikàl jâm, à ɓɔ́ŋ ɓe jɔ ɔ̀? Tɔ̀lɛ, ɓàa à bipɔ̄t jaàm, à ledēs ɓe jɔ ɔ̀? Ŋ̀aŋga 'Bôt 23,19

MÀKIŋ (7): ò (do), ó (sol), ō (fa), ô (sol-do), ǒ (do-sol), ő (sol-fa), ȯ (fa-do)

Yesù à ŋkàl lɛ, Hi mût à nnōk biɓàŋga gwêm bini, ndi à ɓɔ̀ŋɔ̀k kì gwɔ, mɛ̀ gahègda nyɛ ni mùt pèk nu à oŋol ndāp yeē i ŋgìi ŋgɔ̀k. Màteò 7,24

Mànyòdì 2,1–10 :: Lukàs 3,7–14

4. Ŋgwà Jôn, Kɔndɔŋ
Mè mɓīi mbuu weèm i wɔ̀ɔ̀ wɔŋ; À Yehōvà, Nyambɛ nū màliga, ù bikɔ̀bɔl mê. Hyèmbi 31,6/31:5

Di kôgɛ nī ɓɛɓèɛ̀, nì màkend, i yèènɛ karîs, lɛ ndi di kôs kɔ̀nàŋɔɔ, di lɛɓa kì kàrîs i hōla ɓès i ŋgèdà màhola mā nsòmblà. Lòk Hebèr 4,16

Bìɓòdlɛ 21,1–7 :: Lukàs 3,15–20

Dì tɛhɛ lìpem jee, lìpem wěŋgɔ̀ŋlɛ li pɔmbè Măn ì nlòl yak Ìsaŋ, ǹyɔnɔ̀k nì kàrîs nì màliga. Yòhanès 1,14b

Lukàs 2,41–52 :: 1 Yòhanès 5,11–13 :: Yèsayà 61,1–4.9–11

5. Ŋgwànɔ̀y, Kɔndɔŋ
Yèhovà à yè lɔŋgê, lìsɔ̀lɓɛnɛ i kēl ndùdù. À ńyī ki ɓā ɓɔ̄ɓasonā ɓa nsɔ̀lɓɛnɛ i nyēnī. Nahùm 1,7

Nì lɛp ɓáŋ màkend manân! Lòk Hebèr 10,35

Jĭɓè li gweā tāgɓè, ndi tàna mapubi i sɔ ɓày.
1 Yòhanès 2,8b

Màteò 2,1–12 :: Èfesò 3,1–7 :: Yèsayà 60,1–6

6. Ŋgwà Njaŋgumba, Kɔndɔŋ
À mɓɔ̀ŋ mɛ lē mɛ nɔ́y ī hɔ̀ma bìkay bìlam bi yê. À ŋēga mɛ lē mɛ koōs hɔ̀gɓè ŋgwāŋ malep ma ye ŋwèɛ. À nlèdes ŋem wêm. Hyèmbi 23,2–3

MÀKIŊ (7): ò (do), ó (sol), ō (fa), ô (sol-do), ǒ (do-sol), ő (sol-fa), ȭ (fa-do)

Nì ɓe yôm wěŋgòŋlɛ mìntomba, ndi hanânɔ nì m̀mā̄l teēmb yak Ǹteedà nì M̀ɓèŋgè nɔ̀m nân. 1 Petrò 2,25

7. Ŋgwà Ûm, Kɔndɔŋ
Ù yàn ɓáŋ màeba ma Yehōvà; ù waa ɓáŋ kì tɔ̀ ŋgondga yeè. Bìŋgèŋgên 3,11

Yesù à ɓa niigà ɓɔ kìkìi ŋwɛ̀t. Markò 1,22

Titò 2,11–14 :: Lukàs 4,1–13

8. Ŋgwà Ŋgeè, Kɔndɔŋ
Ḭ̀em wêm u umi sìŋ, à Nyambê! Mè gatōp cembi, ŋ̀ŋ, mè gatōp cembi lòŋnì lìpem jêm! Hyèmbi 108,2/108:1

Bogmût i ublà, i tɛlêp, i kahal kè; nì yɔ i jōp nye nì ɓɔ i tēmpèl, à kènèk, à cadâk, à ɓeghàk Nyambê.
Mìnsɔn mi Baomâ 3,8

Ndìimbà Mben 18,14–19 :: Lukàs 4,14–21

9. Ŋgwà Mbɔk, Kɔndɔŋ
Ù gaɓìgda ki njěl yɔ̀sonā Yèhovà Nyambɛ wɔ̀ŋ à m̀māl ega wɛ mòm mana mā ŋwii mana i kède ŋ̀ɔ̀ŋ, lɛ ndi a suhūs wè, nì nɔ̀ɔ̀dè wè, i yī jàm li ɓeè ŋēm wɔŋ, tɔ̀ɔ u gatēeda matìŋ mee, tɔ̀ɔ hɛni. Ndìimbà Mben 8,2

Nì Mbuu à hɔɔ tinde Yesù i ŋ̀ɔŋ. À yēn i ŋ̀ɔŋ mòm mana mā dilɔ, à nōdana ni Sāatàn; à ɓa nyē nì bìnùga bi bikay; aŋgèl kì i gwêlàk nyɛ. Markò 1,12–13

1 Yòhanès 2,8–11 :: Lukàs 4,22–30

TOBOTOBO (5) : ɓ: b implosif, **c** : "tche", **ɛ** : "lait", **ŋ**: "ing", **ɔ** : "fort"

10. Ŋgwà Kɔɔ, Kɔndɔŋ

Yèhovà à ŋkàl lɛ, Ee', ɓalɛ ɓa ɓāk lɛ ɓa ɓana nyà ŋ̀ɛm ìni ŋgèdà yɔ̀sonā, i kɔ̀n mè wòŋi, nì i tēedà màtìŋ mêm mɔmasonā, lɛ màm ma kīl ɓɔ lɔ̄ŋgɛɛ̀, ɓɔ nì ɓòt ɓap mɓa ni m̀ɓa! Ndììmbà Mben 5,29

Mè ntī ɓee lìtìŋ li yɔndɔ, lɛ gwehnaga; kìkìi mè bigwēs ɓee, yàk ɓèè kî gwehnaga. Halā nyɛ̄n ɓòt ɓɔɓasonā ɓa gayī lɛ nì yè ɓànigîl ɓêm, iɓālē nì ŋgwēhnà.
Yòhanès 13,34–35

Yèsayà 8,20–23 :: Lukàs 4,31–37

11. Ŋgwà Jôn, Kɔndɔŋ

Mè galōmbla ki nì ɓɔ, màlombla ma nsàŋ yaga, mɔn ma gaɓā malombla ma ɓɔgā mè nlōmbla ni ɓɔ̄ nì tee hɔma wêm m̀pubhaga ŋgèmbɛ yáp mɓa ni m̀ɓa. Èzekìèl 37,26

Kàrîs ì nlòl ni nū à yè, nyɛn à ɓa, nyɛ ki nyɛ̄n à nlɔ̀ i ɓa nì ɓèe nì ǹsàŋ. Màsɔ̀ɔ̀là 1,4

Yèsayà 66,18–23 :: Lukàs 4,38–44

Ɓɔɓasonā Mbūu Nyambɛ à ŋēgaà, ɓɔn ɓa ye ɓɔ̀n ɓa Nyambê. Romà 8,14

Màteò 3,13–17 :: Romà 12,1–8 :: Yèsayà 42,1–9 :: Yosùà 3,5–11.17

12. Ŋgwànɔ̀y, Kɔndɔŋ

Òa i nsùgdɛ mindaŋ, ndi gweha ī nhō macàŋg mɔmasonā. Bìŋgèŋŋên 10,12

Munu jàm lini nyɛn gwēha ī yenè, hà lana ɓe lɛ ɓès ɓɔn dì gwes Nyāmbɛè, ndi ndigi lē nyɛn à gwes ɓès, à ɔm ki Màn weē lɛ a ɓa bìkwàk inyùu bìɓeba gwes. À

MÀKIŊ (7): ò (do), ó (sol), ō (fa), ô (sol-do), ǒ (do-sol), ő (sol-fa), ȭ (fa-do)

ɓagwēhaà, iɓālē Nyambɛ à gwes ɓès halà, wɛ̀ɛ yàk ɓěs dì ǹlama gwehnà. 1 Yòhanès 4,10–11

13. Ŋgwà Njaŋgumba, Kɔndɔŋ
Hyèlɛl mìs mêm lɛ ma ɓèŋgɛ ɓáŋ gwàŋgà bi mâm.
Hyèmbi 119,37

Jìs jɔŋ li ye tūŋgɛŋ nyuu yɔɔ̀ŋ; i ŋgèdà jìs jɔŋ li ye mbōo, nyùù yɔ́ŋ yɔ̀sonā kiì ì ńyɔ̄n ni màpubi, ndi i ŋgèdà li ye lìɓɛ nyùù yɔ́ŋ kiì ì ńyɔ̄n ni jĭbè. Lukàs 11,34

Mìnsɔn mi Ɓaomâ 10,37–48 :: Lukàs 5,1–11

14. Ŋgwà Ûm, Kɔndɔŋ
Nu à ŋkɔ̀n mût à nsàmb ŋgɔɔ à ntī Nyambɛ lìpem.
Bìŋgèŋgên 14,31

Yesù à kâl maaŋgɛ wānda lɛ, Iɓālē ù nsòmbol ɓa ńyɔnôk, kɛ̀ɛ, nùŋul gwɔ̌m ù gwèè, u ti dìyɛyɛ̀bà, halā nyɛ̄n ù gaɓāna lisòò li ŋkùs i ŋgiì; ndi u lɔɔ̄, u nɔ́ŋ mè. Màteò 19,21

Lukàs 18,15–17 :: Lukàs 5,12–16

15. Ŋgwà Ŋgeè, Kɔndɔŋ
Ù kènek ɓáŋ ndèŋg. Mànyɔ̀dì 20,14

Ǹlom a ɓanɛ ŋwàà litɔ̀bliŋem kiì i nsòmblà, ŋwàà kî ǹlèlèm halā nì ǹlom. 1 Kɔ̀rintò 7,3

Romà 8,26–30 :: Lukàs 5,17–26

16. Ŋgwà Mbɔk, Kɔndɔŋ
Mìs ma ŋgok ma mût bìnàm ma gaōop lɛtɛ̀ɛ̀ nì hisī, yàk lìpàmàl li ɓôt li gasùhlana, ndi Yèhovà nyɛtāma nyen à ganyɔ̄gɔp i yɔ̀kɛl nû. Yèsayà 2,11

TOBOTOBO (5) : ɓ: b implosif, c : "tche", ɛ : "lait", ŋ: "ing", ɔ : "fort"

Nyambɛ à tɛp ndīgi mìntùmbà mi mâm mi ŋkɔ̀ŋ hisi lɛ ndi a yuyūy ɓàtipèk, Nyambɛ à tɛp kì mìmɓɔ̀mba mi mâm mi ŋkɔ̀ŋ hisi lɛ ndi a yuyūy màm ma ŋgûy. Yàk bìlɛŋɛl bi mâm bi ŋkɔ̀ŋ hisi, nì màm ɓòt ɓa ńyàn, mɔn Nyāmbɛ à tɛp, yàk ma mā mɓaàk ɓee, lɛ a yuŋgus mā mā yeè, lɛ ndi nsòn wɔkĭwɔ̄ u yādap ɓaāŋ bīsū bi Nyambɛè.
1 Kɔ̀rintò 1,27–29

Èfesò 1,3–10 :: Lukàs 5,27–32

17. Ŋgwà Kɔɔ, Kɔndɔŋ
Mànjèl ma mût ma niɲi bīsū bi mis ma Yehōvà,
Bìŋgèŋgên 5,21

Nì pemhɛnɛ ɓāŋ jàm mbàgi ŋgèdà ŋgì kɔ̀là, letèè Ŋwèt nyemède à lô, nu à gapēmes maàm ma solī jĭɓè mɓàmba, nì yelêl kì pèk mìŋem yɔ̀sonā. 1 Kɔ̀rintò 4,5

Lukàs 12,49–53 :: Lukàs 5,33–39

18. Ŋgwà Jôn, Kɔndɔŋ
Yi hālā ī lĕn ìni, ɓii kì jɔ i ŋēm wɔŋ, lɛ Yèhovà à yè Nyambɛ ī ŋgìi nì hana hisī; nûmpɛ à tà ɓee.
Ndìimbà Mben 4,39

Lɔŋgɛ nằn ŋem i yiba nì ɓòt ɓɔɓasonā. Ŋwĕt à gwēe nì mɔ̀ɔ. Ndi nsàŋ Nyambɛ ū ū nlɔ̀ɔ̀ mahɔŋɔ̂l mɔmasonā u gatāt miŋem minaàn nì màhɔŋɔ̂l manân i Krĭstò Yesù.
Fìlipì 4, 5.7

Màteò 4,12–17 :: Lukàs 6,1–11

Bèhɓɔɓasonā dì kùhul mū līyɔ̄nɔɔ̀k jee, kàrîs kì i ŋgìi kàrîs. Yòhanès 1,16

MÀKIŊ (7): ò (do), ó (sol), ō (fa), ô (sol-do), ǒ (do-sol), ő (sol-fa), ȭ (fa-do)

Yòhanès 2,1–11 :: 1.Kɔ̀rintò 2,1–10 :: Mànyɔ̀dì 33,18–23 :: Romà 12,9–16

19. Ŋgwànɔ̀y, Kɔndɔŋ

Tɛlɛp nī, u ɓeyēs màpubi, inyǔlē màpubi mɔŋ ma mmāl lɔɔ̀, yàk lìpem li Yehōvà li mmāl pemel weè. Yèsayà 60,1

Inyùu ŋ̀em kɔnàŋgɔɔ u Nyambe wès nyen màye ma kɛl ma nlòl i ŋgìi ma gapēmel ɓes, I ɓèyèy ɓòt ɓa yii ī jǐɓè nì i yìɛ ī nyɛɛmb, I ēga màkòò mes i njɛ̀l ǹsàŋ.
Lukàs 1,78–79

20. Ŋgwà Njaŋgumba, Kɔndɔŋ

Yèhovà à gaɓā wɛ màpubi lɛtɛ̀ɛ̀ nì i ɓɔ̀ga, Nyambe wɔ̀ŋ kî à gayìla lipem jɔŋ. Yèsayà 60,19

Yesù à ŋkàl lɛ, Nu kì à ntēhɛ mɛɛ̀, à ntēhɛ ŋwēt à ɔm mè. Mè yè màpubi ma bilɔ̀ munu ŋkɔ̀ŋ hisi, lɛ tɔ̀njɛɛ à nhēmlɛ mɛɛ̀ à ǹyèn ɓe i jǐɓè. Yòhanès 12,45–46

Ndìimbà Mben 5,1–21 :: Lukàs 6,12–16

21. Ŋgwà Ûm, Kɔndɔŋ

Lèdes mè kǐŋgèdà ɓàŋga yɔŋ lɛ mɛ nîŋ; ù kèmhɛ ɓáŋ lē mɛ wel ɓɔ̄dŋem yeèm nyùù! Hyèmbi 119,116

Yesù à ŋkàl lɛ, Nu à nnɔ̄k ɓaŋgā yeèm, ndi à hemlègè kì nu à ɔm mè, à gwèe nìŋ ɓɔgā; à mpām ɓe mbàgi, ndi à yè ɓàtagɓaga nyēmb, à nîŋ. Yòhanès 5,24

Markò 2,23–28 :: Lukàs 6,17–26

TOBOTOBO (5) : **ɓ**: b implosif, **c** : "tche", **ɛ** : "lait", **ŋ**: "ing", **ɔ** : "fort"

22. Ŋgwà Ŋgeè, Kɔndɔŋ

Yèsayà à kā́l lɛ, Ŋgɔɔ nì mè, mè ǹcibâ! Inyǔlē mè yè mùt bìɓep bi nyɛgā, nì lɛ mè ɲ́yèènɛ ki mūnu lòŋ i gweē bìɓep bi nyɛgā. Yèsayà 6,5

Paul à ntìla lɛ, Mè ɓa ǹ̀ɔ̀bòs jòy i ŋgèdà bìsu, mè tèèŋgàgà ǹtoŋ, mè ɓòmlàk kì wɔ. Ndi tɔ̀ lâ, mè kɔ̆s kɔ̀nàŋgɔɔ. 1 Tìmòteò 1,13

Ròmà 9,31–10,8 :: Lukàs 6,27–35

23. Ŋgwà Mbɔk, Kɔndɔŋ

Tɔ̀lɛ, nì ntògɓɛ Nyambɛ ǹ̀tŏgɓègè kìkìi mùt à ntògɓɛ maasāŋ ɛ? Hiòb 13,9

Yesù à kā́l Farīsày lɛ, Ɓèèɓɔmèdɛ ɓon nì yè ɓa ɓā ŋkàl bisū bi ɓoòt lɛ nì tee sēp, ndi Nyambɛ à ɲ́yī miɲɛm minân. Lukàs 16,15

Mìnsɔn mi Ɓaomâ 15,22–31 :: Lukàs 6,36–42

24. Ŋgwà Kɔɔ, Kɔndɔŋ

Ɓa ɓā nsìŋge gwɔm bi ye mbēlèèk ɓa mpāmɓa ni Nū à yè lɛ à eba ɓɔ lōŋgeŋēm. Yonà 2,9

Màhɔŋôl ma pênà ma ɓā ɓaàŋ, tɔ̀ kàdɓà lìpem ŋkădɓàgà, ndi ni suhūs nyùù, lɛ hi mût a hɛ́k lē ɓòt ɓàpɛ ɓa nlɔ̀ɔ̀ nyɛ. Fìlipì 2,3

Gàlatìà 5,1–6 :: Lukàs 6,43–49

25. Ŋgwà Jôn, Kɔndɔŋ

Yèhòvà à gatììmba see ni wè, i ɓɔ̀ŋ wè lɔŋgê, kìkìi à ɓa see nì ɓɔ̀sɔŋ. Ndììmbà Mben 30,9

MÀKIŊ (7): ò (do), ó (sol), ō (fa), ô (sol-do), ǒ (do-sol), ő (sol-fa), ȭ (fa-do)

Ŋwět, Nyambɛ nū Ĭsrǎɛ̀l, a ɓa ǹsǎyɓàk, inyŭlē à biyūuga ɓoòt ɓee, à kɔɓɔ̄l ki ɓɔ̄, À pemhɛnɛ ɓes tɔ̄ŋ tɔhiì, i ndāp m̀ɓòŋòl wèè Davìd. Lukàs 1,68–69

Ndììmbà Mben 33,1–4(7.12–16) :: Lukàs 7,1–10

Ɓa galòl likòl nì i hyòŋg, ŋɔ̄mbɔk nì ŋwèlmbɔk, ɓa yɛ̄n ī jɛ̄ ī ànɛ̀ Nyambê. Lukàs 13,29

Màteò 8,5–13 :: Romà 1,13–17 :: 2 Bìkiŋɛ 5,1–19a :: Yòhanès 4,5–14

26. Ŋgwànôy, Kɔndɔŋ

À gaɓōk ɓe mɓehâk lindɔmbɔɔ; à galēm ɓe tɔ ǹsìŋgà u nlɔ̄ŋ limha. Yèsayà 42,3

Yesù à ŋkàl lɛ, Nì yihgè lɛ nì yàn ɓáŋ tɔ̀ wàda munu ɓɔ̀ɔ̀ŋgɛ ɓàtidigi ɓana! Màteò 18,10

27. Ŋgwà Njaŋgumba, Kɔndɔŋ

Tìmbhɛ ɓès lôŋnì màm ma ŋkònha wɔŋi i kède tēlɛèbsep, à Nyambɛ nū tɔ̄hi yēs. Hyèmbi 65,6/65:5

Ndi màkend dì gwèe bīsū gwee, mɔ māna lɛ, iɓālē dì ńyàgal nyɛ jàm kǐŋgèdà sòmbòl yee, wèe à nnōgol ɓes. 1 Yòhanès 5,14

Mìnsɔn mi Ɓaomâ 16,9–15 :: Lukàs 7,11–17

28. Ŋgwà Ûm, Kɔndɔŋ

À Yehōvà, teeda mè kìkìi hìtee hi jis; sòo mè i sī yìɛ ī bipàbay gwɔŋ. Hyèmbi 17,8

Ŋwět à yè ɓonyoni, nu à galèdes ɓee, nì tat kì ɓèè inyùu mùt m̀ɓɛ. 2 Tèsàlonīkà 3,3

TOBOTOBO (5) : ɓ: b implosif, **c** : "tche", **ɛ** : "lait", **ŋ**: "ing", **ɔ** : "fort"

Rɔmà 15,7–13 :: Lukàs 7,18–23

29. Ŋgwà Ŋgeè, Kɔndɔŋ
Nìŋ yêm kì i kolī ɓā tik i mìs ma Yehōvà, ndi a sóŋ mè inyùu ndùdù yɔ̀sonā. 1 Sàmuèl 26,24

Nì ńyī karīs Ŋwèt wɛ̂s Yesù Krǐstò lɛ, tɔ̀ lakìi à ɓa ŋ̀gwàŋ, à tɛ̆mb lìyɛp inyùu nàn, lɛ ndi inyùu lìyɛp jee ɓèè ni ŋgwaŋáp. 2 Kɔ̀rintò 8,9

Rût 4,7–12 :: Lukàs 7,24–35

30. Ŋgwà Mbɔk, Kɔndɔŋ
Yèhovà Ŋwèt wêm à yè ŋgùy yèm. Hàbakùk 3,19

Jɔn dì ŋ́wāa ɓēe. Ndi tɔ̀ i ɓā yàà lɛ mùt wɛ̆s bìtee bi mis à mɓɔ̀l, ki mùt wɛ̆s kède à ntèmb yɔndɔ hi kɛl nì kɛl. 2 Kɔ̀rintò 4,16

Mìnsɔn mi Ɓaomâ 13,42–52 :: Lukàs 7,36–50

31. Ŋgwà Kɔɔ, Kɔndɔŋ
À Ŋwɛt, yìbil bìɓep gwêm, ndi hìlemb hyêm hi ga-āŋal bìɓegeès gwɔŋ. Hyèmbi 51,17/51:15

Dì tà ɓe lɛ dì ŋ̀ŋwás i pɔ̄t màm dì bitēheè nì nɔk.
Mìnsɔn mi Ɓaomâ 4,20

Kòlosè 1,21–29 :: Lukàs 8,1–3

MÀKIŊ (7): ò (do), ó (sol), ō (fa), ô (sol-do), ǒ (do-sol), ő (sol-fa), õ (fa-do)

BUK I SOŋ: Ù ŋùnda mɛ njèl nìŋ. Hyèmbi 16,11

1. Ŋgwà Jôn, Màcêl

Ŋgàndàk ɓòt i ì nìŋi hīlɔ̄ minlūŋ mi bitɛ̀k ì gatòdɛ, ɓàhɔgi lɛ ɓa kɔ́s nìŋ ɓɔgā, ndi ɓapɛ lɛ ɓa kɔ́s mbɔ̀lɔ̀, ɓa nyiip kì ɓɔ m̀ɓa ni m̀ɓa. Dànièl 12,2

Jɔn inyùu hālā nyēn Krĭstō à wel, à tugɛ̀ kì, à kondē ki nìŋ, lɛ ndi a ɓa Ŋwèt i ŋgìi ɓāwɔ̄ga nì ɓayōmi. Romà 14,9

Màsɔ̀ɔ̀là 15,1–4 :: Lukàs 8,4–15

Yèhovà à gatēlɛp, a kâhbɛ ī ŋgìi yôŋ, lìpem jee kî li teea, li kehī ī ŋgìi yôŋ. Yèsayà 60,2b

Màteò 17,1–9 :: 2 Kòrintò 4,6–10 :: Mànyɔ̀dì 3,1–15

2. Ŋgwànɔ̀y, Màcêl

Nì lìpodol li Yehōvà nyɛn ɓòn ɓa Isrăèl ɓa ɓe kîl mu njèl, yàk nì lipōdol li Yehōvà nyɛn ɓa ɓe ɔŋ lìɓoga.
Ŋ̀aŋga Ɓôt 9,18

Inyùu hēmlè nyɛn Àbràhâm, i ŋgèdà à kŏs ǹsèɓlà, à nogol, à ǹnyɔdî, à kɛ lētèè nì hòma à ɓa lama kòs kìkìi ìyee ɓum; ndi à ǹnyɔdi i ɓa ɓe nyɛ yī hĕt à ŋkɛ̀.
Lòk Hebèr 11,8

3. Ŋgwà Njaŋgumba, Màcêl

Wɔ̀ɔ̀ Nyambɛ wès u ɓeè nì ɓĕs, à bisòŋ ɓes nì wɔ̀ɔ̀ u ɓaɓala nì u ɓa ɓā bisɔ̀m ɓes njèl. Esrà 8,31

Paul à ntìla lɛ, Nì ndèèŋgà yèm, nì njɔnɔk yêm; màm ma bikwèl mɛ nyɔ̀ɔ, nì kinjē ndèèŋgà mè ɓe nihbè; Ndi Ŋwèt à bisòŋ mɛ ī kède màm mana mɔmasonā. 2 Tìmòteò 3,11

TOBOTOBO : ɓ : "b implosif", ɓep: frapper *** c : "tch", Câd : Tchad

Màcêl (02)

2 Kɔ̀rintò 3,9–18 :: Lukàs 8,16–21

4. Ŋgwà Ûm, Màcêl

Yèhòvà à ŋkàl lɛ, 'Bàa lìpodol jêm li ta 6ē kìkìi hyèe è?
Nì kìkìi njôn ì ì nnyùgut liaa bìpès bìpès è? Yèrèmià 23,29

'Bàŋa Nyambɛ ī ye yòmi nì ŋgùy, i nhɔ̄ɔ ìlɔ̀ɔ yɔ̀kǐyɔ̀
pànsɔ̀ŋ màlɔ̀ imaà, i nsōobɛ ki lētèɛ̀ i 6agal 6ɔ̀ ŋem, 6ɔ̀
mbuu, halā kì 6ɔ̀ mòŋgà, 6ɔ̀ pɔŋɔs bihès, i ye kì ŋkeês
màhɔŋɔl nì pèk mìŋem. Lòk Hebèr 4,12

Yòhanès 1,43–51 :: Lukàs 8,22–25

5. Ŋgwà Ŋgeè, Màcêl

Ŋ̀kɔ̀l Yehōvà u kâl lɛ, Mè bikūhnɛ 6a6ep mìŋkasa mbus, mè
lɛk ki 6àtus màyèè mamaŋ; mè hyemel 6ē mɛ mbɔ̀lɔ̀ tɔ̀
màtay su. Yèsayà 50,6

Yesù à mpɔ̄t lɛ, Mùt nyekǐnyē à gwèe 6ē gweha ī nlɔ̀ɔ ini,
lɛ mùt à ti nôm yee inyùu màwanda mee. Yòhanès 15,13

Màsɔ̀ɔ̀là 1,(1.2)3–8 :: Lukàs 8,26–39

6. Ŋgwà Mbɔk, Màcêl

Yèhòvà à pɔt lɛ, Mè gatìimba ha 6e tîhɛ hisi inyùu mùt,
inyǔlē hègdà i ŋem mût i ye 6è6a ì6òdòl nyɛ màaŋge
wānda. Bì6òdlɛ 8,21

Nyambɛ à ɔm 6ē Man weē munu ŋkɔ̀ŋ hisi i pēmhènè
ŋ̀kɔ̀ŋ hisi mbàgi, ndigi lē ŋ̀kɔ̀ŋ hisi u tɔhlana inyùù yeè.
Yòhanès 3,17

2 Kɔ̀rintò 4,1–5 :: Lukàs 8,40–56

MÀKIŊ: (1) <u>Haut</u>: kop/kóp : poule, verser **** (2) <u>Bas</u>: nɔ̀l/nɔ̀l : rire

7. Ŋgwà Kɔɔ, Màcêl

À Nyambê, ù yè Nyambɛ wèm, mè mpūlɛ yeŋ weè; ŋem wêm u ŋkɔ̀n nyus inyùù yôŋ. Hyèmbi 63,2/63:1

Nu nyùs i gweē, a lɔɔ̄. Nu à nsòmbòl, a yɔ̄ŋ màlep ma nîŋ yàŋgà. Màsɔɔ̀là 22,17

Màsɔɔ̀là 1,9–18 :: Lukàs 9,1–9

8. Ŋgwà Jôn, Màcêl

À biɓɔ̀ŋ lɛ mìnsɔn ŋwee mi helha mi ɓígdana; Yèhovà à yè nu kàrîs nì nu kɔ̀nàŋgɔɔ. Hyèmbi 111,4

Ɓàa lìɓòndo li masɔda dì nsàyàp li ta ɓē aàdnà macɛ̀l ma Krístò ò? Ɓàa kɔ̀ga dì mɓēk i ta ɓē aàdnà i nyuu Krístò ò? 1 Kòrintò 10,16

Ŋ̀aŋga Ɓôt 6,22–27 :: Lukàs 9,10–17

Lɔ̀na, tɛhna kì mìnsɔn mi Nyambê; à ŋkònha wɔŋi mu líɓɔ̀ŋk jee i kède ɓɔ̀n ɓa ɓôt. Hyèmbi 66,5

Markò 4,35–41 :: 2 Kòrintò 1,8–11 :: Yèsayà 51,9–16

9. Ŋgwànɔ̀y, Màcêl

À man mùt, lɛɛgɛ bìpodol gwêm gwɔbisonā i kède ŋem wɔŋ, bi mè gapōdos weè, u ɛmblɛ kì gwɔ nì mào mɔŋ. Èzekièl 3,10

Nu à ǹlɛɛgɛ mboo ì ì ŋ̀ŋwehā hisī hìlam, à yè nu à ǹnɔk ɓaŋgā, à tibil ki sɔ̄ŋda yɔ; à nnūm yaga matam, wàda mbogôl, nûmpɛ mòm masamàl, nûmpɛ kî mòm maâ. Màteò 13,23

TOBOTOBO : ɓ : "b implosif", ɓep: frapper *** c : "tch", Câd : Tchad

10. Ŋgwà Njaŋgumba, Màcêl

Lìpemba li yenè i nyēnī, yàk nì ɓàŋga pèk; mùt à ńyòm nì ńyùmùs ɓòt ɓa ye ī mɔ̀ɔ̀ mee. Hiòb 12,16

Nyambe à nsòmbol lɛ ɓòt ɓɔɓasonā ɓa tɔhlana, ɓa pam kì hòma ɓa ye lē ɓa yi maliga. 1 Tìmòteò 2,4

Màteò 21,18–22 :: Lukàs 9,18–27

11. Ŋgwà Ûm, Màcêl

Ù ɓaŋlak ɓáŋ mùt lakìi à yè hìyɛyèbà, tɔ̀ tɔdôl mùt lakìi à mpēmbeèp. Lòk Levì 19,15

Nì ɓana ɓáŋ ndɔ̄dla i kède hēmlè i Ŋwɛt wês Yesù Krǐstò nu lìpem. Yàkobò 2,1

Màteò 8,28–34 :: Lukàs 9,28–36

12. Ŋgwà Ŋgeè, Màcêl

Inyúlē iɓòdòl nu à nlòòha bitidigi lɛtèè nì nu à nlòòha bikɛŋi i kède yâp, hi mût à nhēp ndigi īnyùu ǹsɛŋ; iɓòdòl yaga mpōdoòl lɛtèè nì prǐsì hi mût à mɓɔ̀ŋ ndigi màlogâ. Ɓa mɓùbhɛ pɔɔ ì ɓòt ɓêm, ɓa kalàk lɛ, ǹsàŋ, ǹsàŋ, i ŋgèdà ǹsàŋ u ta ɓēe. Yèrèmìa 6,13–14

Gweha ī ɓā ɓaáŋ nì bìhèŋɓà. Pidɓana jàm li ye lìɓɛ, ndi ni adɓɛ nì jàm li ye lìlam. Romà 12,9

Nahùm 1,2–6 :: Lukàs 9,37–45

13. Ŋgwà Mbɔk, Màcêl

Yèhovà à ŋkàl haana lɛ, Tɛlɓana mū mānjèl, ɓèŋgnana, ni ɓát mìnlòmbi mi manjèl, i hĕt lɔ̄ŋgɛ njēēl i yenè; hyumlana mù, ndi tòle mìŋɛm minân mi ganǯy. Yèrèmìa 6,16

MÀKIŊ: (1) <u>Haut</u>: kop/kóp : poule, verser **** (2) <u>Bas</u>: nɔ̀l/nɔ̌l : rire

Ndi ŋgŏŋ ì gwèe ndîgi ɓès lɛ, ɓèè ɓɔɓasonā hi muùt a nyámnda ǹlèlèm yaga letèè nì lisūk i yōnoòs ɓɔdŋɛm yee, lɛ nì tèmb ɓáŋ ɓòt ɓa ndîŋhà, ndi ni kona ɓàkòdòl ɓum i nlòl makàk inyùu hēmlè nì nihbè.
Lòk Hebèr 6,11–12

Hòseà 2,20–25 :: Lukàs 9,46–50

14. Ŋgwà Kɔɔ, Màcêl
À ɓa ndòŋ mùt ɓòt ɓa nnyiîp, ɓa coôk, mùt màndùdù, nì nu à ɓa nɛk ɓē makɔ̀n. Ba ɓā nyiîp kì nyɛ ǹlèlèm kìkìì ɓa nnyiîp muùt ɓòt ɓa mɓègel su; ndi ɓĕs dì ɓida ɓē ni nyē.
Yèsayà 53,3

Nùnakì, mùt nunu! Yòhanès 19,5

Kòlosè 2,8–15 :: Lukàs 9,51–56

15. Ŋgwà Jôn, Màcêl
À Nyambɛ wèm, mè nlōnd njaāmùha, ndi ù ntìmbhɛ ɓe mê; yàk nì jùu, ndi mè nlèba ɓe mɛ nɔ̀y. Hyèmbi 22,3/22:2

Dìlɔ Yēsù à ɓanɛ mīnsòn, à ɓa yagàl nu à nlà tɔhɔl nyɛ nì nyèmb, à yèmhègè kì nyɛ, à lɔndɔ̂k màkɛŋi nì gwǐhà i mìs, ndi à kŏs kì ndìmbhè, inyǔlē à ɓa siŋgè nyɛ ŋēm.
Lòk Hebèr 5,7

Yòhanès 6,16–21 :: Lukàs 9,57–62

Ɓĕs dì mpāmna ɓe miɲyèmhè ŋwes bisū gwɔŋ inyùu bìɓòŋol gwes bi tee sēp, ndik inyùu ŋgàndàk yɔ̌ŋ kɔ̀nàŋgɔɔ. Dànièl 9,18b

---

TOBOTOBO : ɓ : "b implosif", ɓep: frapper *** c : "tch", Câd : Tchad

Màcêl (02)

Màteò 20,1–16 :: Fìlipì 2,12-13 :: Yèrèmià 9,22–23 :: Ŋaŋâl 7,15–18

16. Ŋgwànɔ̂y, Màcêl
À ntī muùt ŋ̀waaga ŋgùy, yàk mùt à ŋ́yī ɓe pembeèp, à mɓùlhɛnɛ nyɛ ŋgùy ŋgàndàk. Yèsayà 40,29

Paul à ntìla lɛ, **Yèhovà à bikàl ndigi mè lɛ, Kàrîs yèm ì ŋkɔ̀la ni wè, inyŭlē lìpemba jêm li ŋ́yōnol i kède ɓɔ̀mb.** 2 Kɔ̀rintò 12,9

17. Ŋgwà Njaŋgumba, Màcêl
Mè biāŋal liɓaàk jɔŋ li ɓɔgā nì tɔhi yɔ̄ŋ; mè bisòò ɓe mɛ ɓōnyoni yɔŋ nì màliga mɔŋ i kède lìkɔ̀da lìkeŋi. Hyèmbi 40,11/40:10

Paul à ntìla lɛ, **Dì bipɔ̄t yaga ni màkend inyùu ŋgùy Nyambe wès, lɛ di aŋlɛ ɓeè Miŋaŋ Mìnlam mi Nyambɛ ī kède ŋgàndàk kèp ɓa bikèp ɓes.** 1 Tèsàlonīkà 2,2

Lukàs 19,1–10 :: Lukàs 10,1–16

18. Ŋgwà Ûm, Màcêl
Ù gayī lɛ, mĕn mè yè Yèhovà, nì lɛ, ɓa ɓā mɓèm mê ɓa gakòs ɓe wɔnyuu. Yèsayà 49,23

I ŋgèdà ɓa ŋkèna ɓee mandāp ma mitìn, nì bisū bi ɓaànè nì ɓèt mbɔk, nì tòŋ ɓáŋ lēlaa nì gakāa, tɔ̀ kii nì gapɔ̄t; inyŭlē Mbuu M̀pubi à ganīiga ɓee ha ŋgēŋ ì yɔ̀mède jàm nì kòli pɔ̄t. Lukàs 12,11–12

Ndììmbà Mben 7,6–12 :: Lukàs 10,17–24

MÀKIŊ: (1) **Haut**: kop/kóp : poule, verser **** (2) **Bas**: nɔ̀l/nɔ̀l : rire

19. Ŋgwà Ŋgeè, Màcêl

Iɓālē Yèhovà à ŋɔ̄ŋ ɓe ndap, wèɛ ɓā ɓā ŋɔ̄ŋ yɔɔ̀ ɓa ntùmɓɓa yaŋgà. Hyèmbi 127,1

Simòn à kâl lɛ, À Sɔŋ, dì ǹtúmɓɓa ŋgiìm u, dì gwêl ɓe yɔm; ndi inyùu lìkàlàk jɔŋ nyɛn mè nlèŋel mbunja. Kìì ɓa mɓɔ́ŋ halà, ɓa hogoo yaga ŋgandàk còbi. Lukàs 5,5.6

Romà 4,1–8 :: Lukàs 10,25–37

20. Ŋgwà Mbɔk, Màcêl

Yèhovà à gapēmhɛnɛ ɓoòt ɓee mbàgi, à gatām ki inyùu mìŋkòl ŋwee. Ndììmɓà Mben 32,36

Ɓàà Nyambɛ à gakàm ɓe mintɛɓêk ŋwee, mi mī nlōndol nyɛ njămùha nì jùu, a téŋɓɛ kì nihbɛ ŋwɔ ɔ̀? Lukàs 18,7

1 Kòrintò 3,1–8 :: Lukàs 10,38–42

21. Ŋgwà Kɔɔ, Màcêl

Jehak ɓòt ɓɔŋ ni ǹtɔŋgɔ wɔŋ. Mikà 7,14

À ti ɓàhɔgi lɛ ɓa ɓa ɓàomâ, ɓapɛ ɓàpodôl, ɓapɛ ɓà-aŋâl Mìŋaŋ Mìnlam, ɓapɛ kî ɓìpastò nì ɓàlêt, lɛ ɓa tee ɓàpubhaga lɔŋgê, ɓa gwelēl nyɛ̂ ǹsɔn kìkìi mìnlìmil, ɓa holos kì nyùu Krĭstò. Èfesò 4,11–12

Màlakì 3,13–18 :: Lukàs 11,1–4

22. Ŋgwà Jôn, Màcêl

Ù nɔ̀ŋɔk ndigi jàm li tee sēp, lɛ ndi u nîŋ, u kodōl kì hìsi Yèhovà Nyambɛ wɔ̀ŋ à ntī weè. Ndììmɓà Mben 16,20

Ɓòt ɓa ŋkɔ̀n njâl nì nyùs inyùu tēleèɓsep ɓa ye ǹsăyɓàk, inyŭlē ɓa ganŭuhana. Màteò 5,6

TOBOTOBO : ɓ : "b implosif", ɓep: frapper *** c : "tch", Câd : Tchad

Màcêl (02)

1 Kɔ̀rintò 1,26–31 :: Lukàs 11,5–13

23. Ŋgwànôy, Màcêl
Lĕn ìni, iɓālē nì ǹnɔk kiŋ yeè, nì nees ɓáŋ mìŋɛm minân.
Lòk Hebèr 3,15

Lukàs 8,4–15 :: Lòk Hebèr 4,12–13 :: Yèsayà 55,6–12a :: Mìnsɔn mi Ɓaomâ 16,9–15.23.

Mè gaɔ̄ŋ liɓoga jeèm ɓèɓèè nì ndap yêm lɛ mɛ sóŋ ɓō inyùu ǹtoŋ gwêt, halā nyēn Yèhovà à mpɔ̄t. Sàkàrià 9,8

Nì Yesù à todē hilɔ̄, à kond mbɛbī nì màŋgudga: ɓa mɔm ŋwɛè, lɔ̀m a tɛmèp. Nì nyɛ a kâl ɓɔ lɛ, Hemlè nân i ye hēɛ?
Lukàs 8,24.25

24. Ŋgwà Njaŋgumba, Màcêl
Ɓa nnyōl waày minjoôŋ mi bisoya, ɓa sâhbàgà kì bìlɔŋgɛ bī njaàhbà, ndi ɓa nnɔ̄k ɓe ndudù inyùu cība ī Yosèf.
Amòs 6,6

Nì hyoo ɓáŋ kì tɔ̀ wây, inyŭlē mu nyēn bìyubdà bi nlòl, ndi ni ɓa ǹyɔnɔ̀k nì Mbuu. Èfesò 5,18

Ndìlmbà Mben 32,44–47 :: Lukàs 11,14–26

25. Ŋgwà Ûm, Màcêl
Yèhovà à yè ŋgùy yèm nì hyèmbi hyêm, à ǹyilā ki tɔ̄hi yêm. Hyèmbi 118,14

Ɓàa mùt à yè i kède nân lɛ à yè i sī ndùdù ù? A sɔɔhɛgɛ. Ɓàa mùt à gwèe màsee è? A tobok cèmbi di biɓegês.
Yàkobò 5,13

Amòs 8,4–11.12 :: Lukàs 11,27–32

MÀKIŊ: (1) **Haut**: kop/kóp : poule, verser ******** (2) **Bas**: nɔ̀l/nɔ̀l : rire

26. ŋgwà ŋgeè, Màcêl

Njɛɛ à ega Mbūu Yehōvà, tɔ̀lɛ n̄jɛɛ à ɓa ǹtipèk wèè i niigà nyɛ? Yèsayà 40,13

Mbèbi ì nhòŋ hɔma ì ŋgwês; ù nnɔ̄k yɔ mbìmbà, ndi ù ńyī ɓe hět ì nlòl, tɔ̀ i hět ì ŋkè; halā kì nyɛn ī ye nì hi mût à ŋ̀gweenɛ Mbūu. Yòhanès 3,8

Lukàs 6,43–49 :: Lukàs 11,33–36

27. ŋgwà Mbɔk, Màcêl

Gwèèlana ndīgi Yèhovà nì mìŋɛm minân ŋwɔminsonā; nì ɓàgɓa ɓâŋ, i tiga lɛ nì ǹnɔ́ŋ gwaŋgà bi mâm bi bī nlà ɓe ɓahâl tɔ̀ tɔhôl, inyǔlē bi ye ndīgi yàŋgà.
1 Sàmuèl 12,20–21

Nì joŋop ɓâŋ, ndi tiblana yī sombòl Ŋwɛt. Èfesò 5,17

1 Tèsàlonīkà 1,2–10 :: Lukàs 11,37–54

28. ŋgwà Kɔɔ, Màcêl

Ù ɓɔ̌ŋ kì lɛ ɓòt ɓa kîl i ŋgìì miŋɔ ŋwes; dì tagɓɛnɛ i hyèe nì malêp; ndi ù pamna ɓes i hɔma lìŋgwàŋ. Hyèmbi 66,12

Paul à ntìla lɛ, 'Ba ntèèŋga ɓes, ndi dì ŋkēnhànà ɓee; ɓa mɓēs ɓes hisī, ndi dì ncība ɓēe. Nyùù yês ì ɓèèga nyěmb i Ŋwèt wês Yesù ŋgèdà yɔ̀sonā, lɛ ndi i yina lē Yesù nyɛn à yè nìŋ i kède nyùù yês. 2 Kɔ̀rintò 4,9–1

2 Tìmòteò 3,10–17 :: Lukàs 12,1–12

TOBOTOBO : ɓ : "b implosif", ɓep: frapper *** c : "tch", Câd : Tchad

BUK I SOŋ: Iɓālē yɔyɔ̀ i yiī ī ɓěnī hisī hinaàn, nì kèbek ɓáŋ yɔ̄. Lòk Levì 19,33

1. ŋgwà Jôn, Màtùmb
Bìgdana nī màm mɛ̀ ɓǒk āŋaàl iɓòdòl gwèya; inyŭlē mɛ̌n mɛ̀ yè Nyambê, ndi nûmpɛ nyɛkĭnyē à tà ɓe nyɛ. Mɛ̀ yè Nyambê, ndi nûmpɛ à tà ɓee, lɛ à mpòna mê. Yèsayà 46,9

Ŋwèt lɛ Nyambɛ à ŋkàl lɛ, Měn mɛ̀ yè Alfà nì Òmegà, lìɓòdlɛnɛ nì lìsugul, nu à yè, nyɛn à ɓa, nyɛ ki nyēn à nlɔ̀, Ɓayêmlikòk. Màsɔɔ̀là 1,8

Màteò 13,31–35 :: Lukàs 12,13–21

1Màtùmb 1457: Bìɓòdlɛ bi Brüder-Unität i Böhmen

Nùnakì, Dì mɓēt i Yèrusàlèm, màm mɔmasonā ma ye ǹtĭlɓàgà nì ɓàpodôl inyùu Mǎn mùt ma gayɔ̄n.
Lukàs 18,31

Markò 8,31–38 :: 1 Kòrintò 13,1–13 :: Amòs 5,21–24 :: Lukàs 10,38–42

2. ŋgwànɔ̀y, Màtùmb
Nyɛmèdɛ à kɔ̀bɔl ɓɔ̄ inyùu gwēha yēe nì inyùu kɔ̀nàŋgɔɔ yee, à lêl ɓɔ nì ɓègèè ɓɔ kɔ̄ŋ ni kɔ̄ŋ dilɔ̄ di kwaàŋ cɔdisonā. Yèsayà 63,9

Ndi nŭnkì, ɓòt ɓa ndim iɓaà, ɓa ɓā ɓa yiī ī pāŋ njèl, ɓa nɔ̄k ɓǎŋ lē Yesù à ntāgɓè, ɓa lɔnd, ɓa kāl lɛ, À Ŋwɛt, Mǎn Dāvìd, kǒn ɓès ŋgɔɔ. Màteò 20,30

MÀKIŋ: (3) <u>Moyen</u>: sɔsɔ̄ : grand **** (4) <u>Haut-bas</u>: pên : peinture

3. Ŋgwà Njaŋgumba, Màtùmb

Wăn mè, à Nyambê, u yi ŋem wêm; nɔɔde mè, u yi kì màhɔŋɔl mêm; Ɓeŋge kì mè tɔɔ njĕl ɓē yɔkǐyɔ̀ ì yè i kède yêm, u ega kì mè i njĕl ì ɓɔga. Hyèmbi 139,23-24

Inyŭlē ŋwèmɛl u ye ǹtidigi, njèl ki ì ŋkè i nìŋ ì yè hìpàgdà. Màteò 7,14

Lukàs 13,31-35 :: Lukàs 12,22-34

4. Ŋgwà Ûm, Màtùmb

À ŋgônd Siòn, lèŋek dìlèlà, sòbhɛgɛ, inyŭlē nŭnkì, mè nlɔ̀, mè gayèn ki i kède yɔ̂ŋ. Halā nyēn Yèhovà à mpɔ̄t. Sàkàrià 2,14

Yesù à pam ɓăŋ Yèrusàlèm, ŋkɔ̀ŋ wɔnsonā u kahal nyùmlà, ɓa kāl lɛ, Ǹjɛɛ nû? Màteò 21,10

Lukàs 5,33-39 :: Lukàs 12,35-48

Bìɓòdlɛ bi ŋgedà njòghè Yesù

5. Ŋgwà Ŋgeè, Màtùmb

Bìɓòŋol binân bìɓɛ bi mmāl ɓagal ɓee nì Nyambɛ nàn, bìɓeba binân kì bisoō ɓee sū wee, lɛ à ɛmblɛ ɓâŋ. Yèsayà 59,2

Ǹsaâ ɓeba u ye nyɛ̀mb, ndi lìkèblà li karı̂s li Nyambɛ lī ye nìŋ ɓɔgā i Krı̌stò Yesù Ŋwèt wês. Romà 6,23

Màteò 6,16-21 :: Lukàs 12,49-53

6. Ŋgwà Mbɔk, Màtùmb

Ìɓòdòl mapēmel ma jɔp ìkèpam mānàŋlɛ mee jòy jêm li gaɓā likeŋi i kède bìlɔ̀ŋ. Halā nyēn Yèhovà nu mìntoŋ à mpɔ̄t. Màlakì 1,11

TOBOTOBO : ɛ : "lait", ɛ́: arbre *** ŋ : "ing", áŋ : lìre

Yesù à ŋkàl lɛ, Ŋgàndàk ɓòt ì galòl likòl nì i hyòŋg, ì gayèn i jē ɓɔ̄ nì Abràhâm nì Isàk nì Yakòb i ànè ŋgiì. Màteò 8,11

Kòlosè 3,5–11 :: Lukàs 12,54–59

7. Ŋgwà Kɔɔ, Màtùmb
Lìcàŋg li nhāŋ ɓe ŋgèdà bìpodol bi mɓôl, ndi nu à nsūdɛ biɓep gwee à yè mùt pèk. Bìŋgèŋgên 10,19

Bìpodol binân bi ɓa ndīgi lē, Ɨ̀ŋ̂, ŋ̀ŋ̂; Hɛni, hɛni; jàm li nlɔ̀ɔ̀ hâ wèɛ li nlòl yak mùt m̀ɓɛ. Màteò 5,37

Esrà 9,5–9.13–15 :: Lukàs 13,1–9

8. Ŋgwà Jôn, Màtùmb
Inyŭlē haana nyɛn Yèhovà à ŋkàl ndap Īsrăɛ̀l lɛ, Yeŋa mè, ndi nì ganìŋ. Amòs 5,4

Simòn Pɛtrò à tímbhɛ nyɛ lɛ, À Ŋwɛt, dì gakè yak njēɛ? Wĕn ù gwèɛ bìɓàŋga bi nîŋ ɓɔgā. Yòhanès 6,68

Dànièl 5,1–7.17–30 :: Lukàs 13,10–17

Jɔn Mǎn Nyāmbɛ à sɔ̀ɔ̀la, lɛ ndi a obōs mìnsɔn mi nsɔ̀hɔ̀p. 1 Yòhanès 3,8b

Màteò 4,1–11 :: Lòk Hebèr 4,14–16 :: Bìɓòdlɛ 3,1–24

9. Ŋgwànɔ̀y, Màtùmb
Mìŋɛm mi ɓa ɓā ńyēŋ Yehōvà mi hagāk! Hyèmbi 105,3

Ndi Nyambɛ nū ɓɔ̄dŋɛm a yonos ɓèè ni màsee mɔmasonā, yàk nì nsàŋ i kède hēmlè nì nhēmlɛ nyɛ, lɛ ndi ni yaba nì ɓɔdŋɛm i kède lìpemba li Mbuu M̀pubi. Romà 15,13

MÀKIŊ: (3) <u>Moyen</u>: sɔsɔ̄ : grand ******** (4) <u>Haut-bas</u>: pên : peinture

10. Ŋgwà Njaŋgumba, Màtùmb

Mè ganàŋal, mɛ kɛē hīlɔ̄ ni ǹsàŋ; inyŭlē, à Yehōvà, wètama ù mɓɔ̀ŋ mɛ lē mɛ yeēn iɓaɓe wɔ̀ŋi. Hyèmbi 4,9

Yesù à mpɔ̄t lɛ, **Mè ńyīglɛ ɓee ǹsàŋ; mè ntī ɓee ǹsàŋ wêm; mè ntī ɓe mɛ ɓèe kìkìi ŋ̀kɔ̀ŋ hisi u ntī. Nì kɔ̀n ɓáŋ ndùdù miŋēm minaàn, tɔ̀ wɔ̀ŋi.** Yòhanès 14,27

Yàkobò 1,1–13 :: Lòk Levì 1,1–9

11. Ŋgwà Ûm, Màtùmb

Nì Yosùà à kál lɔɔ̀ŋ lɛ, Nì yè mbògi ì ŋkɔlɓa ɓeeɓɔmèdɛ lɛ ɓèè ɓɔn nì ǹtɛp Yehōvà, i gwèlèl nyɛ. Nì ɓɔ ɓa kál lɛ, Dì yè mbògi. Yosùà 24,22

Jɔn, à lôgtatà, nyàmndana yāga ìlɔ̀ɔ̀ halà, lɛ ni ɔm màkòò hisī siìŋsìŋ i kède ǹsèblà nì teba nân. Ŋgɔ iɓālē nì mɓɔ̀ŋ halà nì gaɓàagɛ ɓe kɛlkĭkēl. Inyùu hālā nyēn lìjùbul li anè ɓɔgā i Ŋwɛt weēs nì Ǹtɔhôl lɛ Yesù Krĭstô li gaɓā ni màsɔda ŋgandàk inyùu nân. 2 Petrò 1,10–11

Hiòb 1,1–22 :: Lòk Levì 8,1–13

12. Ŋgwà Ŋgeè, Màtùmb

Yèhovà à ŋ̀kàl lɛ, Dilɔ̄ diì, nì ŋgèdà ì, ɓa gayēŋ biyogdà bi Isrǎèl, ndi bi ganēnɛ ha ɓee; yàk nì bìɓeba bi Yudà, ndi bi ganēnɛ ha ɓee, inyŭlē mè gaŋwèhel ɓa mè ǹyek kìkìi mìŋyeglà. Yèrèmià 50,20

Inyùu mìŋkòndgà ŋwee ɓèe nì bimɓōoòp. 1 Petrò 2,24

1 Kɔ̀rintò 10,9–13 :: Lòk Levì 9,1–24

13. Ŋgwà Mbɔk, Màtùmb

Noà à lèba kàrîs i mìs ma Yehōvà. Bìɓɔ̀dlɛ 6,8

TOBOTOBO : ɛ : "lait", Ɛ́ : arbre *** ŋ : "ing", áŋ : lire

Bèè ɓɔn nì yè ǹtɔlɔ̂k liten, ntoŋ pri̋sì u anè, lɔ̀ŋ pubhaga, lòk Nyambɛ nyēmèdɛ, lɛ ndi ni aŋal ndòŋ lìpem yɔ̀sonā ì nu à bisèɓel ɓee i kède ji̋ɓè lɛ ni jőp māpūbi mee ma mɓūma ŋaŋ. 1 Petrò 2,9

Yàkobò 4,1–10 :: Lòk Levì 16,1–22

14. Ŋgwà Kɔɔ, Màtùmb

Yèhovà à gaɓā kiɲe hìsi hyɔsonā. I yɔ̀kɛl nû Yèhovà à gaɓā wadā, yàk jòy jee kî jada. Sàkàrià 14,9

Ǹlèlèm Ŋwɛt wɔn u ye ŋwèt i ŋgìi ɓɔ̄ɓasonā, à yè kì ŋ̀gwàŋ inyùu ɓɔ̄ɓasonā ɓa nlōndol nyɛ. Romà 10,12

Lòk Heɓèr 2,11–18 :: Lòk Levì 18,1–6.19–24

15. Ŋgwà Jôn, Màtùmb

Ù gasèblana ni jòy li yɔndɔ, ndòŋ jǒy nyɔ̀ u Yehōvà u gatōp. Yèsayà 62,2

Tɔ̀njɛɛ à yè i Kri̋stò, wèɛ à yè hègel yɔndɔ. Màm ma kwâŋ ma mmāl tagɓè; nùnakì, ma ɲyilā yɔndɔ yɔndɔ.
2 Kɔ̀rintò 5,17

2 Tèsàlonīkà 3,1–5 :: Lòk Levì 19,1–18

Nyambɛ à ŋēba gweha yēe inyùù yês munu jàm lini lɛ, ŋgèdà dì ɓa dì ŋgi yi̋nɛ ɓàɓɔ̀ŋɓeba, Kri̋stò à wel inyùù yês. Romà 5,8

Yòhanès 3,14–21 :: Romà 5,1–11 :: Yèsayà 5,1–7

MÀKIŊ: (3) <u>Moyen</u>: sɔsɔ̄ : grand **** (4) <u>Haut-bas</u>: pên : peinture

16. Ŋgwànɔ̀y, Màtùmb

Inyùù yêm, mè bipɔ̄t i kède lìhat jêm lɛ, Mè gapìŋgla ɓe mɛ kēlkǐkēl. Ndi ù bisòò su wɔŋ, ŋɛm u ɓoo mɛ màcèl. Hyèmbi 30,7.8

Yesù à mpɔ̄t lɛ, **Halā nyēn yàk ɓèe nì gwēe ndùdù hanànɔ, ndi mè gakònde tɛhɛ ɓee, mìŋɛm minân mi gasēe, mùt nyɛkǐnyē à gayɔ̀ŋ ɓe ɓee màsee manân.** Yòhanès 16,22

17. Ŋgwà Njaŋgumba, Màtùmb

Ǹjɛɛ à yè Nyambɛ kìkìi wè, nu à ŋŋwèhel liɓɔ̀ŋɔ̀k lìɓɛ, à hoygà kì màcàŋg ma miǹyeglà mi ɓôt mi ŋgabàɓum yee? À ntēeda ɓe hiun hyee m̀ɓa ni m̀ɓa, inyǔlē lɔŋgeŋēm yɔn i ŋkònha nyɛ màsee. Mikà 7,18

Màrià à kǎl lɛ, **Nyambɛ à bihōla mɓòŋòl wèè Isrǎèl, lɛ a ɓígda kɔ̀nàŋgɔɔ.** Lukàs 1,54

Gàlatià 6,11–18 :: Lòk Levì 19,31–37

18. Ŋgwà Ûm, Màtùmb

À Yehōvà, ù yè ŋgùy yèm nì hìkoya hyêm, nì lìsɔ̀lɓɛnɛ jêm i kēl mè ǹtɛhɛ kuù. Yèrèmià 16,19

Paul à ntìla lɛ, **Mè ńyī nu mè bihēmlè, mè ńyī ki lɔ̄ŋge lɔ̄ŋge lē à gwēe ŋgùy i tēedà jàm mè bitī nyɛ ìkèpam yɔ̀kɛl nû.** 2 Tìmòteò 1,12

Hiòb 2,1–10 :: Lòk Levì 25,1–12

19. Ŋgwà Ŋgeè, Màtùmb

Hiòb à tìmbhɛ Yèhovà lɛ, Mè mè yè ndik yɔ̀mâ, mè gatìmbhɛ la wê? Mè ǹlama ndigi yìbi nyɔ̂, mɛ ɓedī wɔ̀ɔ̀ mû. Hiòb 40,3–4

TOBOTOBO : ɛ : "lait", **É**: arbre *** ŋ : "ing", áŋ : lire

Paul à ntìla lɛ, **I lɛ̌n ìni mè nlòk yi ndêk, ndi yɔ̀kɛl mè gatībil yi kìkìi mè ɓŏk tībil yibaà.** 1 Kɔ̀rintò 13,12

Yòhanès 16,29–33 :: Lòk Levì 25,35–43

20. Ŋgwà Mbɔk, Màtùmb
I yɔ̀kɛl nu mè bilōndol weè, ù bitìmbhɛ mê, ù ledēs mɛ nì ŋgùy mu ŋēm weèm. Hyèmbi 138,3

Yesù à ŋkàl lɛ, **Hi mût à ɲyàgàl, à ŋkòs; nu à ɲyēŋ, à nlèbà; nu kì à ŋkɔɔ̀dè, i gayìblana nyɛ.** Lukàs 11,10

1 Yòhanès 1,8 – 2,2 :: Lukàs 18,31–43

21. Ŋgwà Kɔɔ, Màtùmb
Yèhovà à ntī ɓa ɓā nsùhus nyuu kàrîs. Bìŋgèŋgên 3,34

Pèènà kiŋ i kwɔ ki ī kède yáp lɛ tɔɔ ǹjɛɛ à ŋēŋa kìi nū à nlɔɔ̀. Nì nyɛ à kāl ɓɔ lɛ, Bìkiŋɛ bī bilōŋ bi ntɛ̀t ɓôt ɓap; yàk ɓa ɓā gweē ŋgùy i ŋgìi yáp ɓa nsèbla lɛ, ɓàɓɔ̀ŋlɔŋgê. Ɓèe nì gaɓā ɓe halà; ndi nu à yè nûŋkɛŋi i kède nân a yilā kìkìi nu mbūs; nu bìsu kî, kìkìi ǹlìmil.
Lukàs 22,24–26

Lòk Hebèr 9,11–15 :: Lukàs 19,1–10

22. Ŋgwà Jôn, Màtùmb
Ndi i mbūs màm mana i galēŋa lɛ, mè gakōp Mbuu weèm i ŋgìi mìnsòn ŋwɔminsonā. Yoèl 3,1/2:28

Petrò à kāl lɛ, **Halā nī kìi Yēsù à biɓēdhana ni wɔ̀ɔ waalōm u Nyambeè, à kôs ki likàk li Mbuu M̀pubi ni Tàtâ, nyen à ŋ̀kop jàm lini nì ntēhèè nì nnōk.** Mìnson mi Ɓaomâ 2,33

Gàlatìà 2,16–21 :: Lukàs 19,11–27

MÀKIŊ: (3) <u>Moyen</u>: sɔsɔ̄ : grand **** (4) <u>Haut-bas</u>: pên : peinture

Mùt nyekǐnyē à ŋgwèl kêy i ntēm hisi i wɔ̀ɔ̀ wee, ndi à ɓèŋgègè mbus, à kòli ɓē inyùu ànɛ Nyambê. Lukàs 9,62

Lukàs 9,57–62 :: Èfesò 5,1–9 :: 1 Bìkiɲe 19,1–13a :: Yèrèmià 20,7–13

23. Ŋgwànɔ̂y, Màtùmb

Mè gatûbul lɔŋgeŋēm yɔŋ hyèmbi màkeŋi kêglà, inyǔlē ù yè lìtedel jêm li nyogi, nì lìsɔ̀lɓenɛ i kēl bìkùù.
Hyèmbi 59,17/59:16

Paul à ntìla lɛ, **Mè bikòs hola nì Nyambê, mè tee lētèè nì lɛ̌n ìni, mè ɓòglàk ɓatîdigi nì ɓakēŋi mbògi.**
Mìnsɔn mi 'Baomâ 26,22

24. Ŋgwà Njaŋgumba, Màtùmb

Yèhovà nû; a ɓɔ́ŋ jàm li nnēnɛ lɔŋgɛ ī mìs mee.
1 Sàmuèl 3,18

Yesù à kāl ɓɔ lɛ, Lɔ̀ga jē. Ndi ǹnigîl nyekǐnyē à ɓa la ɓē ɓaāt nye lɛ, Wè ǹjɛɛ? Inyǔlē ɓa yī lē Ŋwèt nû.
Yòhanès 21,12

Lukàs 14,25–35 :: Lukàs 19,28–40

25. Ŋgwà Ûm, Màtùmb

Noà à ɓa mùt à tee sēp nì pelɛs i kèdɛ cày cee; Noà à ɓa hyom nì Nyambê. Bìɓòdlɛ 6,9
Kìkìi nū à bisèbel ɓee à yè nûmpubi, wɛɛ yàk ɓèèɓɔmèdɛ ni ɓa ɓàpubhaga i kèdɛ nyà bihyumul yɔsonā.
1 Petrò 1,15

Hiòb 7,11–21 :: Lukàs 19,41–48

TOBOTOBO : ɛ : "lait", É: arbre *** ŋ : "ing", áŋ : lire

26. Ŋgwà Ŋgeè, Màtùmb
I ŋgèdà hìyɛyèbà hi nlɔnd, Yèhovà à nnōgol hyɔ, a tɔhɔl kì hyɔ i kède bìkùù gwɔbisonā hi bitēhɛɛ̀. Hyèmbi 34,7

Yesù à ŋkàl lɛ, **Lɔ̀na mĕnī, à ɓee ɓɔɓasonā ɓa nì ntùmbɓà nì ɓèèga kì mbègèè ì ńyɛ̀t, mɛ̀ mɛ̀ ntī ɓee nɔ̀y.** Màteò 11,28

Màteò 19,16–26 :: Lukàs 20,1–8

27. Ŋgwà Mbɔk, Màtùmb
Ɓeghana Nyāmbɛ i kède màkɔ̀da. Hyèmbi 68,27/68:26

Ɓa ɓā i tēmpèl hi kɛl nì ŋem wada, ɓa ɓɛgnàgà kɔ̀ga mambāy, ɓa jêk bìjek gwap nì ŋem masee nì ŋwèɛ, ɓa ɓeghàk Nyambê, ɓa lemlàk kì ɓòt ɓɔɓasonā. Hi kɛl Ŋwɛ̆t à ɓa kondè ɓɔ ɓa ɓā ɓā ɓàtɔhlaga.
Mìnsɔn mi Ɓaomâ 2,46–47

1 Tèsàlonìkà 2,13.14–20 :: Lukàs 20,9–19

28. Ŋgwà Kɔɔ, Màtùmb
Kìkìi hìnùni hi yè hi nlēŋel ŋgìi jùmbul, halā nyēn Yèhovà nu mìntoŋ à gasòŋ Yerūsàlèm; à gasòŋ yô nì peyês yɔ̀, à gaɓāŋal yɔɔ̀ nì tɔhɔ̂l yɔ̀. Yèsayà 31,5

Yesù à kál ɓanigiìl lɛ, **Kèna ndìgi nyɔɔ mīntōmba mìnimlaga mi ndap Īsrăèl. Kè nì ŋkè, aŋlana lē, Ànè ŋgiī i gweē nì mɔ̀ɔ.** Màteò 10,6–7

Markò 9,38–47 :: Lukàs 20,20–26

29. Ŋgwà Jôn, Màtùmb
Yèhovà à yè i kède tēmpèl yèe pūbi. Hìsi hyɔsonā hi mɔm ŋwèɛ bisū gwee. Hàbakùk 2,20

MÀKIŊ: (3) <u>Moyen</u>: sɔsɔ̄ : grand **** (4) <u>Haut-bas</u>: pên : peinture

Yesù à niiga ɓɔ, à kálˉ lɛ̄, 'Bàà i ta ɓē ntǐlɓàgà lɛ, Ndap yêm ì gasèblana lɛ ndap màsɔɔhè inyùu bìlɔ̀ŋ gwɔbisonā à? Markò 11,17

Màteò 16,24–28 :: Lukàs 20,27–40

Hàɓaɓe lɛ jìs li konfláwà li ŋkwɔ hīsī, li wɔ; li ńyèn ndik jɔ̄tāma; ndi iɓālˉ li ńwɔ li nnūm ŋgandàk màtam. Yòhanès 12,24

Yòhanès 12,20–24 :: 2 Kɔ̀rintò 1,3–7 :: Yèsayà 54,7–10 :: Yòhanès 6,47–51

30. Ŋgwànôy, Màtùmb

Nyɛn à yē Yèhovà Nyambɛ wès; mbàgi yeē ì yè mu hīsī hyɔsonā. Hyèmbi 105,7

'Bòt ɓa ntèèŋgana inyùu tēlɛèɓsep ɓa ye ǹsǎyɓàk, inyǔlˉ ànè ŋgiī i ye ìyap. Màteò 5,10

31. Ŋgwà Njaŋgumba, Màtùmb

Mìnsɔn ŋwɔŋ ŋwɔminsonā mi gatī wɛ màyègà, à Yehōvà, yàk ɓàpubhaga ɓɔŋ ɓa gatī wɛ lìpem! Hyèmbi 145,10

'Bàŋga i Krístò i yén ɓéni ńyabgà, kàyèle nì niigàgà, nì ɓehnàgà kì ɓèè ni ɓèè i kède mìŋgèn mi cembi nì pèk yɔ̀sonā, nì mimpɛ mi biɓegês, nì mi mī nlòl i ŋgùy Mbuu, ndi nì tublàk Nyambɛ cèmbi nì kàrîs i kède mìŋem minân. Kòlosè 3,16

Yòhanès 6,26–29 :: Lukàs 20,41–47

TOBOTOBO : ɛ : "lait", ɛ́: arbre *** ŋ : "ing", áŋ : lire

Màtop (04)

BUK I SOŊ: Bàa mìŋem mi lɔ̄ŋɔk ɓe ɓes ŋgèdà à podhɛgɛ ɓes i njèl, à tɔ̀ŋlègè ɓès Matìlà à? Lukàs 24,32

1. Ŋgwà Ûm, Màtop
Yèhovà à mpēmhɛnɛ ɓoòt ɓa ntèèŋgana mbagī sēp; nu à ntī ɓakɔ̀nnjàl bìjek. Hyèmbi 146,7

Ndi nu à ŋkèɓel nsalwɔ̀m mboo, à tinâk kì kɔ̀ga inyùu jē̄, à gakèɓel ɓee mɓōo nì ɓùlùs kì yɔ̀. À gatùlus ki màtam ma tɛlêɓsep nân. 2 Kɔ̀rintò 9,10

Hiòb 9,14–23.32–35 :: Lukàs 21,1–4

2. Ŋgwà Ŋgeè, Màtop
Mǎn mùùnlom à ntī isāŋ lipem. Iɓālē̄ mè yè ìsaŋ, wèɛ lìpem mè kòli nì jɔ li ye hēɛ? Halā nyēn Yèhovà nu mìntoŋ à ŋkàl. Màlakì 1,6

Lìpem li ɓa nì Nyambê, Ìsaŋ Ŋwèt wɛ́s Yesù Krı̌stò, Tàta nū̄ kɔ̀nàŋgɔɔ, nì Nyambɛ nū̄ lèdèhŋɛm yɔɔsonā.
2 Kɔ̀rintò 1,3

Yòhanès 6,30–36 :: Lukàs 21,5–19

3. Ŋgwà Mbɔk, Màtop
Bòt ɓêm ɓa mmâl ɓɔɔ̄ŋ maàm màɓɛ imaà: ɓa biyēk mɛɛ̀, mmɛ nu mè yè lìŋgɛn li malep ma nîŋ, ɓa timil ɓɔmèdɛ biɓɛɛ bi malep, biɓɛɛ bi miŋkègi, bi bī nlà ɓe teeda malep. Yèrèmià 2,13

Yesù à ŋkàl lɛ, Hi mût à nnyɔ̄ malēp māna, nyùs i gagwèl ki nyē̄; ndi tɔ̀njɛɛ à nnyɔ̄ malep mè gatī nyɛ, nyùs i gagwèl ha ɓe nyɛ; ndi màlep mè gatī nyē̄, ma gayìla

---

MÀKIŊ: (5) **Bas-Haut**: mǎn : bébé, fils de ****(6) **Haut-moyen**: ɓāŋ : ne..pas, plus

liŋgen li malep i kède yeè, li pemhàk màlep lɛtèè nì i nìŋ ɓɔgā. Yòhanès 4,14

2 Kòrintò 4,11–18 :: Lukàs 21,20–28

4. Ŋgwà Kɔɔ, Màtop
À gakòndɛ konōl ɓes ŋgɔɔ. À gakɨdɓɛ biɓòŋol gwes biɓɛ. Ù galèŋ biɓeba gwap gwɔbisonā i ndīp tūyeè. Mikà 7,19

Iɓālē dì m̀pahal biɓeba gwes, à yè ɓonyoni, à tee kì sep i ŋwèhèl ɓès biɓeba, nì pubûs ɓès inyùu ŋgitɛlêbsep yɔsonā. 1 Yòhanès 1,9

Yòhanès 16,16–23a :: Lukàs 21,29–38

5. Ŋgwà Jôn, Màtop
Yèhovà à ŋkwèha liyɛp, à ŋgwèŋɓàhàgà kì; À nsùhus i sī, à ɓedhàk kì. 1 Sàmuèl 2,7

Mè ŋkàl yaga hikìi mùt nyɔɔ ɓěnī, lɛ mùt à hɔŋɔl ɓáŋ ŋgàndàk inyùù yeē nyɛmɛdɛ ìlɔ̀ɔ̀ kìkìi i nsòmbla lɛ a hɔŋɔl, ndigi lē a hɔŋɔl kìkìi mùt à nsùhus nyuu kàyèlɛ à lɛl ɓe ŋwaa Nyāmbɛ à sìgil nyē i kède hēmlè yee.
Romà 12,3

Hyèmbi hi Salōmò 2,8–13 :: Lukàs 22,1–6

KÈK NJÔGHÈ YESÙ (PASSIONSZEIT)

Măn mùt à bilɔ ɓe lɛ ɓa gwelēl nyē, ndik lē a gwelēl ɓápɛ, nì ti kì nòm yee binɔ̀ŋ inyùu ŋgàndàk ɓôt. Màteò 20,28

Markò 10,35–45 :: Lòk Hebèr 5,1–10 :: Bìɓòdlɛ 22,1–19 :: Yòhanès 18,28–19,5

TOBOTOBO : ɔ : "fort", ɔ́ŋ: construire *** e : "thé", èt : peser le poids

Màtop (04)

6. Ŋgwànɔ̀y, Màtop
U jōbna ɓàtɛhɛbìkùù i ndāp yɔɔ̀ŋ! Yèsayà 58,7

Kiŋɛ ì gatìmbhɛ ɓɔ lɛ, Hɔ̀dɔ nu mè nhɔ̄mb ɓee lɛ, Lakìi nì biɓòŋol wadā munu lòg tatā hālā, tɔ̀ ini i nlôha tidigi, mĕn nì biɓòŋol halā. Màteò 25,40

7. Ŋgwà Njaŋgumba, Màtop
Yèhòvà à mɓɔ̀ŋ biɓòŋol bi tee sēp, à mpēmes yaàk mbàgi sēp inyùu ɓɔ̄ɓasonā ɓa ntèèŋgànà. Hyèmbi 103,6

Jɔn mùt à ńyī ɓɔɔ̄ŋ lɔŋgeè, ndi à ɓɔ̄ŋ ɓe yɔ, wɛ̀ɛ à m̀ɓɔ̄ŋ ɓeba. Yàkobò 4,17

Yòhanès 1,29–34 :: Lukàs 22,7–23

8. Ŋgwà Ûm, Màtop
Yèhòvà Nyambɛ nàn à ŋùnda karìs, à ŋkɔ̀na ki ŋgɔ̄ɔ, à gakìbil ɓe ɓee sū, iɓālē nì ǹtēmb nyēnī. 2 Mìŋaŋ 30,9

Yesù à kāl Simòn lɛ, Mè biyɛ̀mhɛ inyùù yɔ̂ŋ, lɛ hemlɛ̀ yɔŋ i māl ɓâŋ; ndi wɛ̀ i ŋgèdà ù mmāl hyêlɓà, ù lèdhàk lògisɔ̄ŋ. Lukàs 22,32

Hiòb 19,21–27 :: Lukàs 22,24–30

9. Ŋgwà Ŋgeè, Màtop
Ɓa ɓā nnùn nyɛ, ɓa mɓày ni màpubi; màsu map kî ma ŋ́wɔ̄ ɓe nyuu kɛlkĭkēl. Hyèmbi 34,6/34:5

Yesù à ŋkàl lɛ, Mè ǹti ɓee yìmbnɛ, lɛ ndi yàk ɓèè kî ni ɓɔ̄ŋ kìkìi mè mè m̀ɓɔ̄ŋ ɓee. Yòhanès 13,15

Mìnlend mi Yerèmià 3,1–8.14–20 :: Lukàs 22,31–38

MÀKIŊ: (5) **Bas-Haut**: măn : bébé, fils de ****(6) **Haut-moyen**: ɓa̋ŋ : ne..pas, plus

10. Ŋgwà Mbɔk, Màtop

À Yehōvà, Lìŋgwàŋ nì lìpem bi nlòl i wěnī, ù ŋànɛ ki ɓòt ɓɔɓasonā. Wɔ̀ɔ̀ wɔŋ wɔn u gweē lìpemba nì ŋgùy, wɔ̀ɔ̀ wɔŋ wɔn u mɓēdeès. 1 Mìŋaŋ 29,12

Sùhlana ɓèèɓɔmɛ̀dɛ i sī wɔ̀ɔ̀ lipemba u Nyambê, lɛ ndi a ɓedes ɓèe ŋgèdà ì m̀mál kɔlà. 1 Petrò 5,6

Yèrèmià 15,15–21 :: Lukàs 22,39–46

11. Ŋgwà Kɔɔ, Màtop

Ànɛ̀ yɔŋ i ye ànɛ̀ i ɓɔgā, pɔt yɔŋ mbɔk kî i nnɔ̀m lɛtèè nì cày ndi cây. Hyèmbi 145,13

Ǹtɛhɛmàm lɛ Yòhanès à ntìla lɛ, **Mɛ̀ nɔk hi hegēl nyɔɔ̄ ŋgìì, nì hana hisī, nì i sī hīni hìsi, nì nyɔ̀ɔ tūyɛè, nì bìhègel gwɔbisonā bi ye mū ī kède yâp, bi kâl lɛ, Màsɔda ma ɓa nì nu à yìi yèènɛ anɛ̀, yàk nì Mǎn Ǹtomba, i ɓɔ̀ga ni ɓɔ̀ga, nì bìɓegês, nì lìpem, nì ànɛ̀.** Màsɔ̀ɔ̀là 5,13

Lòk Hebèr 10,1.11–18 :: Lukàs 22,47–53

12. Ŋgwà Jôn, Màtop

Yosùà à oop lɛtèè nì hisī, à om su wee hisī, à kâl ki nyē lɛ, Ŋwèt wêm à ŋkàl la ŋkòl wee? Yosùà 5,14

Nì Saùlò à kâl lɛ, **Wè ǹjɛɛ, à Ŋwɛt? Nì Ŋwɛ̀t à kâl me lē, Mɛ̀ yè Yesù nu ù ntèèŋgà. Ndi nyɔdi, tɛlep nì màkòò mɔŋ; inyùu jàm lini nyɛn mɛ̀ m̀pemel wê, inyùu tēe wè m̀ɓɔ̀ŋɔ̀l nì mbògi inyùu màm ù bitēheè nì màm ma ye lē mukède yâp nyɛn mɛ̀ gapēmel weɛ̀.** Mìnsɔn mi Ɓaomâ 26,15–16

Màsɔ̀ɔ̀là 14,1–5 :: Lukàs 22,54–62

SƆNDƐ MÀSƐ̀ɛ (PALMSONNTAG)

TOBOTOBO : ɔ : "fort", ɔ́ŋ: construire *** e : "thé", èt : peser le poids

Màtop (04)

Mǎn mùt à ǹlama ɓedhànà, lɛ tɔ̀njɛɛ à nhēmlɛ nyɛ à òbi ɓáŋ, ndi a ɓana nìŋ ɓɔgā. Yòhanès 3,14b.15

Yòhanès 12,12–19 :: Fìlipì 2,5–11 :: Yèsayà 50,4–9

13. Ŋgwànɔ̂y, Màtop
Nì kèbnaga ɓáŋ ɓèè ni ɓèè, ndi nì kɔ̀nɔ̀k Nyambɛ nàn wɔ̀ŋi, inyǔlē měn mè yè Nyambɛ nàn. Lòk Levì 25,17

Màhɔŋɔ̀l Krǐstò Yesù à ɓana mɔ ki mɔ̄n ma ɓa ī kède nân. Fìlipì 2,5

14. Ŋgwà Njaŋgumba, Màtop
Hìsi hi ńyɔ̄n ni lɔ̄ŋgɛŋēm i Yehōvà. Hyèmbi 33,5

Nyambɛ à yek ɓē nyɛmèdɛ ŋgì mbògi, kìkìi à ɓɔ̌ŋ lɔ̄ŋgɛè, à ti ɓee nɔ̌p à nlòl i ŋgìi, nì ŋgèdà i hès bìjɛk, à yonos miŋem minân nì bìjɛk nì màhàk. Mìnsɔn mi 'Baomâ 14,17

Màteò 26,6–13 :: Lukàs 22,63–71

15. Ŋgwà Ûm, Màtop
'Bòt ɓa pêk ɓa mmâl koōs wɔnyuu, ɓa hêl, ɓa gwelà; nǔnkì, ɓa bicèl lipodol li Yehōvà, ɓa gweē kīnjē pèk? Yèrèmià 8,9

Ǹtipèk à yè hɛɛ? Ǹyimbēn à yè hɛɛ? Ǹtoo mût u hyày hini u ye hēɛ? 'Bàà Nyambɛ à ǹyîlha ɓe peèk ì ŋ̀kɔ̀ŋ hisi ǹtùmbà jâm è? 1 Kòrintò 1,20

Hiòb 38,1–11(40,1–5) :: Lukàs 23,1–12

16. Ŋgwà Ŋgeè, Màtop
Mùt bìnàm dìlɔ cee di ye kìkìi ɓàyòòmà; kìkìi hìtot hi wɔm, halā nyēn à ntɔ̄ɔ. Inyǔlē mbèbi i ntāgɓe hyɔ i ŋgìi,

---

MÀKIŊ: (5) **Bas-Haut:** mǎn : bébé, fils de ****(6) **Haut-moyen:** ɓáŋ : ne..pas, plus nì hyɔ hi keē; tɔ̀ hɔ̀ma weē à ɲ́yī ha ɓe hyɔ. Ndi lɔŋgeŋēm i Yehōvà i ye ìɓòdòl ɓɔ̀ga ìkèpam yāga ɓɔ̀ga inyùu ɓā ɓā ŋkɔ̀n nyɛ wɔ̀ŋi. Hyèmbi 103,15–16.17

Inyŭlē nyùu ìni ì mɓɔ̀l ì n̄lama ɛŋgēp ì ì mɓɔ̀l ɓee, yàk ìni nyùu ì ŋ́wɔ̄, i ɛŋgēp ì ì ŋ́wɔ̄ ɓēe. 1 Kɔ̀rintò 15,53

Lukàs 22,1–6 :: Lukàs 23,13–25

Ŋ̀GWÀMBƆK KWÊMKWÊM (GRÜNDONNERSTAG)
À biɓɔ̀ŋ lɛ mìnsɔn ŋwee mi helha mi ɓígdana; Yèhovà à yè nu kàrîs nì nu kɔ̀nàŋgɔɔ. Hyèmbi 111,4

Yòhanès 13,1–15.34–35 :: 1 Kɔ̀rintò 11,17–29.33–34a :: Mànyɔ̀dì 12,1–14

17. Ŋgwà Mbɔk, Màtop
Tɔ̀ la yàa mè yè nì wè ŋgèdà yɔ̀sonā; ù bigwèl wɔɔ wêm waalōm. Hyèmbi 73,23

Yesù à sɔɔhɛ lɛ, À Tâ, iɓālē ù ǹnɛɛbè, hèa mè liɓòndo lini; ndi tɔ̀ halà, hà sòmbòl yêm ɓee, ndik iyɔŋ yɔn i ɓoŋā! Nì aŋgèl ì lôl ŋgii, ì pemel nyɛ, ì ledēs nyɛ. Lukàs 22,42–43

NJÒGHÈ YESÙ (KARFREITAG)
Inyŭlē Nyambɛ à lòòha gwēs ŋkɔ̀ŋ hisi, jɔn à tinɛ pɔ̀mbè yèe ǹgwalâk Man, lɛ tɔ̀njɛɛ à nhēmlɛ nyɛ à ganīmil ɓee, ndi à gwèe nìŋ ɓɔgā. Yòhanès 3,16

Yòhanès 19,16–30 :: 2 Kɔ̀rintò 5,14b–21 :: Yèsayà 52,13–15; 53,1–12

18. Ŋgwà Kɔɔ, Màtop
Ba gaɔ ki nyē jòy lɛ, Ŋ̀eghàɓòt, Ǹtipèk, Nyambɛ nū lìpemba, Ìsaŋ nu m̀ɓa ni m̀ɓa, Ŋ̀ànɛ̀ ǹsàŋ. Yèsayà 9,5/9:6

TOBOTOBO : ɔ : "fort", ɔ́ŋ: construire *** e : "thé", èt : peser le poids

Nyambe à ɓa ī Krĭstò, à saŋglàk ŋ̀kɔ̀ŋ hisi nì nyɛmɛ̀dɛ, à eŋel ha ɓe ɓôt màhòhà map, à ti ki ɓès lipodol li saŋglà î. 2 Kòrintò 5,19

19. Ŋgwà Jôn, Màtop
Yèhovà à biɔ̄m mɛ lē mɛ aŋal ŋwìi Yèhovà à gatēhɛ ɓoòt lɔŋê, nì ŋgwà mapùnà u Nyambe wès. Yèsayà 61,1.2

Yesù à kāl mɓɔ̀ŋ màm màɓɛ lɛ, **Hɔ̀dɔ mè nhɔ̄mb wɛ lē, ù gaɓā ni mè lèn i Pàràdîs.** Lukàs 23,43

1 Petrò 3,18–22 :: Lukàs 23,50–56

ŊGÀND PASKÀ (OSTERFEST)
Krĭstò à ŋkàl lɛ, **Mè ɓeè ŋ̀wɔga, ndi nŭnkì, mè yè i niŋ i ɓɔ̀ga ni ɓɔ̀ga, mè gwèe kì dìlìbà di nyêmb nì di Hadè.** Màsɔ̀ɔ̀là 1,18

Markò 16,1–8 :: 1 Kòrintò 15,1–11 :: 1 Sàmuèl 2,1–8a :: Yòhanès 20,11–18

20. Ŋgwànɔ̀y, Màtop
Hèzekìà à lɛɛgɛ ɓăŋ kààt i mɔ̀ɔ̀ ma ɓôt ɓa ŋwîn, à aŋ yɔ̂, nì Hèzekìà à ɓɛt lɛtèɛ̀ nì ndáp Yèhovà, à wandāl kààt ì bisū bi Yehōvà. 2 Bìkiŋê 19,14

Yesù à yɔ́ŋ Petrò nì Yòhanès nì Yàkobò, à ɓɛt i ŋgìi hìkòa i sɔ̄ɔhè. Lukàs 9,28

Krĭstò à mpɔ̄t lɛ, **Mè ɓeè ŋ̀wɔga, ndi nŭnkì, mè yè i niŋ i ɓɔ̀ga ni ɓɔ̀ga, mè gwèe kì dìlìbà di nyêmb nì di Hadè.** Màsɔ̀ɔ̀là 1,18

Lukàs 24,13–35 :: 1 Kòrintò 15,50–58 :: Yèsayà 25,6–9

MÀKIŊ: (5) **Bas-Haut:** mằn : bébé, fils de ****(6) **Haut-moyen:** ɓǎ̄ŋ : ne..pas, plus

21. Ŋgwà Njaŋgumba, Màtop

Iɓālē nì nsòmbol témb yak Yèhovà nì mìŋem minân ŋwɔminsonā, wèɛ hèana ɓàkèn ɓa ɓanyambɛ ī kède nân. 1 Sàmuèl 7,3

Inyùù yés Nyambɛ à yē ndik wàda lɛ Tàtâ. Màm mɔmasonā ma nlòl i nyēnī, yàk ɓès kî dì yènɛ ndigi inyùù yeē. Ŋwēt à yē ndik kì wàda lɛ Yesù Krǐstò. I nyēnī nyen màm mɔmasonā ma lǒl, yàk ɓès kî. 1 Kòrintò 8,6

22. Ŋgwà Ûm, Màtop

Bèhɓɔɓasonā dì ɓe yôm wěŋgɔ̀ŋlɛ mìntomba, hi mût à ɓàgɓa, à kahal nɔ̀ŋ njēl yeē nyɛmèdɛ, ndi Yèhovà à kwèhnɛ nyē lìɓɔ̀ŋɔ̀k lìɓɛ li ɓehɓɔɓasonā. Yèsayà 53,6

Krǐstò kì nyēn à ɓègɛɛ biɓeba gwes mu nyùù yeē i ŋgìi kēk, lɛ ndi lākìi dì biwɔ̄ i pès biɓeba, wèɛ di nínlak ī kède màm ma tee sēp. Ŋgɔ inyùù mìŋkòndgà ŋwee ɓèe nì bimbōoɔ̀p. 1 Petrò 2,24

Yòhanès 20,1–10 :: Lukàs 24,36–49

23. Ŋgwà Ŋgeè, Màtop

Měn mè yē Nyambɛ nū ŋgùy yɔ̀sonā; hyomok bīsū gwèèm, u ɓa kì pɛlɛs. Bìɓòdlɛ 17,1

Yesù à kâl Tomàs lɛ, Sambal hìnɔ̀ɔ̀ hyɔŋ hana, nǔnkì mɔ̀ɔ̀ mêm; sambal kì wɔ̀ɔ̀ wɔŋ, u ha wɔ̄ mbày yèm; ù ɓa ɓâŋ nū ŋgìtɔbhemlè, ndik nū à nhēmlè. Yòhanès 20,27

Yòhanès 20,11–18 :: Lukàs 24,50–53

TOBOTOBO : ɔ : "fort", ɔ́ŋ: construire *** e : "thé", èt : peser le poids

24. Ŋgwà Mbɔk, Màtop

Mè gatūbul Yehōvà cèmbi, inyŭlē à biɓɔ̀ŋ mɛ lɔ̄ŋgɛ kĩyaga. Hyèmbi 13,6

Nì ɓɔ ɓa hɛl ŋgandàk kîyaga, ɓa kâl lɛ, À mɓɔ̀ŋ mâm mɔmasonā lɔ̄ŋgɛɛ̀; à nnōgha yaga ɓoòt ɓa ndɔk, à podhàgà kì mbuk. Markò 7,37

Yòhanès 21,1–14 :: Kòlosè 1,1–8

25. Ŋgwà Kɔɔ, Màtop

Nì ɓɔ̀n ɓa Isrǎɛl ɓa kâl Samūèl lɛ, Ù ŋwàs ɓáŋ i lōndoòl Yèhovà Nyambɛ wès inyùù yês, lɛ a tɔhɔl ɓès. 1 Sàmuèl 7,8

Paul à ntìla i kède ndāp mɔ̀k, nyɛ, **Mè ńyī lɛ, ŋkùgà jâm unu wɔn u gahōlos tɔhi yèm, inyùu màsɔɔhè manân nì inyùu màhola mā yoni ma Mbuu Yesù Krǐstò.** Fìlipì 1,19

Lukàs 24,36–47 :: Kòlosè 1,9–14

26. Ŋgwà Jôn, Màtop

Nu à ŋgwēs mɔni à ganūu ɓe mɔni; tɔ̀ nu à ŋgwēs liŋgwàŋ, lòŋni ǹsɛŋ; yàk jàm li kì li ye yàŋgà. Ŋaŋâl 5,9

Dì bilɔ̀na ɓe yɔm yɔkǐyɔ̄ munu ŋkɔ̀ŋ hisi, dì tà ɓe ki tɔ̀ lɛ dì ǹnyɔdna yɔm; ndi lakìi dì gwèe bìjek nì mbɔt, wèɛ māna mɔn ma gakɔ̀la ni ɓěs. 1 Tìmòteò 6,7–8

Lukàs 24,1–12 :: Kòlosè 1,15–20

Lìpem li ɓa nì Nyambê, Ìsaŋ Ŋwèt wēs Yesù Krǐstò, nu à bigwâl ɓes yòndɔ ni ŋgùy lìtùgè li Yesù Krǐstò i kède ɓawɔga inyùu ɓɔ̄dŋem i yomi, kǐŋgèdà yèe kɔ̀nàŋgɔɔ. 1 Petrò 1,3

MÀKIŊ: (5) **Bas-Haut:** mǎn : bébé, fils de ****(6) **Haut-moyen:** ɓáŋ : ne..pas, plus

Yòhanès 20,19–29 :: 1 Petrò 1,3–9 :: Yèsayà 40,26–31

27. Ŋgwànɔ̂y, Màtop
Mè ŋgwēs Yehōvà, inyŭlē à ŋēmblɛ kiŋ yeèm nì miǹyèmhɛ̀ ŋwêm. Hyèmbi 116,1

Yesù à ŋāŋal ni hìhègà, **Ŋ̀kɔ̀l u kwɔ hīsī, u oop bisū gwee, u kâl lɛ, À ŋwɛt, honɓa mè, mè gasāa wɛ pīl wɔnsɔnā. Ndi ŋwèt ŋkɔ̀l û à kɔ́ŋ wɔ ŋgɔ̄ɔ, À ŋ̀ŋwās wɔ, à ŋ̀ŋwehēl wɔ pīl.** Màteò 18,26–27

28. Ŋgwà Njaŋgumba, Màtop
Pala hōla meè, à Ŋwɛt, tɔhi yɛ̂m! Hyèmbi 38,23/38:22

Yesù à ɓât nyɛ lɛ, Ù nsòmbol lɛ mɛ ɓɔ́ŋ lā wɛɛ̀? À kâl lɛ, À Ŋwɛt, lɛ mɛ tɛhna! Nì Yesù à kâl lɛ, Tɛhnaga; hemlɛ̀ yɔŋ i ntɔhɔl wê. Bitēeɓīloŋi à tɛhnà, à nɔ́ŋ nyɛ, à tinâk Nyambɛ lìpem; ɓòt ɓɔɓasonā ɓa tēhɛ halà, ɓa ɓeges Nyambê. Lukàs 18,40–43

1 Yòhanès 5,1–5 :: Kòlosè 1,21–23

29. Ŋgwà Ûm, Màtop
Nu à ńyàn mût wèe lìɓok à mɓɔ́ŋ ɓeba, ndi nu à ŋkɔ̀n hiyɛyèɓà ŋgɔɔ à yè kimàsɔda. Bìŋgèŋgên 14,21

I ŋgèdà nì m̀mâl ɓɔɔ́ŋ maàm mɔmasonā ɓa ŋkâl ɓee lɛ ni ɓɔɔ́ŋ, kàla lē, Dì yè mìŋkɔ̀l mi mɓāhal ɓe jaàm; dì m̀ɓɔ́ŋ yaā ndigi jàm dì lamga ɓɔ́ŋ. Lukàs 17,10

Hiòb 42,7–17 :: Kòlosè 1,24–29

TOBOTOBO : **ɔ** : "fort", **ɔ́ŋ**: construire *** **e** : "thé", **èt** : peser le poids

30. Ŋgwà Ŋgeè, Màtop

Bìkeŋi bī ye ìgwɔŋ, à Yehōvà, nì lìpemba, nì lìpem, nì yèmbèl, nì ɓày i lipem; inyŭlē gwɔ̀m gwɔbisonā bi ye nyɔ̀ɔ ŋgìì nì hana hisī bi ye ìgwɔŋ; ànè i ye ìyɔŋ, à Yehōvà, ù yè m̀ɓedhàgà i ŋgìŋgiì, ù kèhi ī ŋgìi gwɔ̀m gwɔbisonā. 1 Mìŋaŋ 29,11

I ŋgèdà à yɛɛlɛnɛ ɓès jímb li sombòl yee. Inyŭlē halā à lemel nyē, lakìi à măl kòòba i kède yeē i tēe ndòŋ ànè yada biyōnol bi ŋgedà, i kòhlè màm mɔmasonā hɔma wadā yak Krĭstò, ma mā ye nyɔ̀ɔ ī ŋgìì, nì ma mā ye nyɔ̀nɔ hisī. Èfesò 1,9–10

Yèsayà 66,6–14 :: Kòlosè 2,1–5

MÀKIŊ: (5) **Bas-Haut:** măn : bébé, fils de ****(6) **Haut-moyen:** ɓáŋ : ne..pas, plus

BUK I SOŊ: À Yehōvà, mè galōndol weè, inyŭlē hyèè hi mmāl siiha bitɛgɛp bi mambɔk bi ɓayòòmà bi ŋɔŋ. Lìndòmbò li hyee li mmāl ligis biɛ bi bikay gwɔbisonā. Ŋgɔ̀ yàk bìnùga bi bikay bi ńyɔ̄ga ni ŋgòŋ inyùù yôŋ, inyŭlē dìlelèbà di mmāl sa kwɛŋ, yàk hyèè hi mmāl siiha bitɛgɛp bi mambɔk bi ɓayòòmà bi ŋɔŋ. Yoèl 1,19–20

1. Ŋgwà Mbɔk, M̀puyɛ

Nyɛ yaga nyɛn mìnsɔn ŋwee ŋwɔminsonā mi ye màliga ni màliga, yàk mànjèl mee kî ma tee sēp; ndi ɓa ɓā nhyūmul i kède ŋgōk, à nlà yuyūy ɓɔ. Dànièl 4,34/4:36

Ŋ̀ànè mbogôl sonda nū à ɓa à tee nyē mbɔ̀mbɔ̄m à tɛhɛ ɓăŋ lē à m̀pedi halà, à kāl lɛ, Mùt nunu à ɓak tɔy man Nyāmbɛè. Markò 15,39

1 Petrò 2,1–10 :: Kòlosè 2,6–10

2. Ŋgwà Kɔɔ, M̀puyɛ

Mè gaɓā loòŋnì wè; mè gayòy ɓɛ mɛ wè, tɔ̀ kenês wè. Yosùà 1,5

Yesù à sòblana ɓàŋ, à nyɔdi lēp bitēebīloŋi; ndi nŭnkì, ŋgìi ì yîblà, à tɛhɛ Mbuu Nyambɛ à nsòs kìkìi hìɓèŋ, à ɓɛdēp ŋgìi yeē. Màteò 3,16

Màsòòlà 7,13–17 :: Kòlosè 2,11–15

3. Ŋgwà Jôn, M̀puyɛ

À Yehōvà, Hĭt ŋ̀em wêm i kède mbògi yôŋ; ndi hà i kède njòmbi ŋ̀kùs ɓee. Hyèmbi 119,36

Inyùu màm mɔmasonā yaga, ù teâk wèmèdɛ kìkìi ndèmbèl mìnsɔn mìnlam; ù niigàgà màeba ma mapubi,

---

TOBOTOBO : **e** : "thé", **èt** : peser le poids *** **u** : "tout", **ùɓè** : tremper

Mpuyɛ (05)

nì ma mā kolī, ndi ù ɓâk ndigi mùt à ŋèt i mbɔ̀m inyùu biɓàŋga bi maliga bi bī nlà ɓe uma nsɔ̀hi, lɛ ndi nū à ŋkɔlɓà a wɔ nyùu, lakìi à gwèe ɓē jaàm lìɓɛ i pɔ̄t inyùù yês. Titò 2,7–8

Mìnsɔn mi Ɓaomâ 8,26–39 :: Kòlosè 2,16–23

Mpuyɛ, 3,1728: Bìɓòdlɛ bi Mintɔlɔ̂k i Herrnhut

Krı̌stò à ŋkàl lɛ, **Mɛ̌n mè yè lɔŋgɛ n̄teedà mìntomba. Mìntomba ŋwêm mi nnɔ̄k kiŋ yɛèm, mè ńyī ŋwɔ, mi nnɔ̀ŋ ki mè; mè ntī ki ŋwɔ̄ nìŋ ɓɔgā.** Yòhanès 10,11a.27–28a

Yòhanès 10,11–30 :: 1 Petrò 2,21b–25 :: Èzekièl 34,1–16.31

4. Ŋgwànɔ̀y, Mpuyɛ
Yèhovà à yè ŋgùy yèm nì hyèmbi hyêm, À m̀māl ki yìla tɔhi yêm. Mànyɔ̀dì 15,2

Màrià à kâl lɛ, **À biēba ŋguùy nì wɔ̀ɔ̀ wee. À sānd ɓoòt ɓa gwēē màhɔŋôl ma ŋgok miŋēm ŋwap.** Lukàs 1,51

5. Ŋgwà Njaŋgumba, Mpuyɛ
Ŋwɛ̌t à ŋkòma ɓe mbus m̀ɓa ni m̀ɓa. Inyǔlē tɔ̀ à ntēes muùt kùù, à ŋkɔ̀n ki nyē ŋgɔ̄ɔ kı̌ŋgèdà ŋgàndàk yèe lɔ̄ŋgɛŋēm. Mìnlend mi Yerèmià 3,31–32

Sàkàrià à yet ɓɔ yɔ̀m i tı̄lnà, à tilā lɛ, Jòy jee lɛ Yòhanès. Ɓɔɓasonā ɓa heèl. Nyɔ̀ wee u yı̄bla bitēebīloŋi, yàk hìlemb hyee hi hôhlà, à kahal pɔ̄t, à ɓeghàk Nyambê. Lukàs 1,63–64

Yòhanès 10,1–10 :: Kòlosè 3,1–4

MÀKIŊ: (1) <u>Haut</u>: kop/kóp : poule, verser **** (2) <u>Bas</u>: nòl/nɔ̀l : rire

6. Ŋgwà Ûm, M̀puyɛ

À ɓee ɓa nì yè nɔnɔk, nɔga nī jàm mè biɓɔ̀ŋ; yàk ɓèè ɓa nì yè ɓèbèè, yìmbnana lìpemba jêm. Yèsayà 33,13

Yesù à kā̌l nyɛ lɛ, Ɓàa mè ŋ̀kā̌l ɓe wɛ lē, Iɓālē ù nhēmlè, ù gatēhɛ lipem li Nyambɛ è? Yòhanès 11,40

Màteò 9,35–10,1 :: Kòlosè 3,5–11

7. Ŋgwà Ŋgeè, M̀puyɛ

Yèhovà à tìmbhɛ Hiòb, à kā̌l lɛ, Kɛl mè tek hìkùù hi hisī hini, ù ɓanɛ hēɛ? Mè kā̌l tuyɛ lɛ, Sok yāga haà! Ù lɛlɛk ɓāŋ ŋ̀ŋwaa! Hana hòma nunu ki nyēn ŋgōk u maŋgudga mɔŋ u ntēlèèp! Hiòb 38,4.11

Yesù à ǹnyɔdî, à kond mbɛbī nì lɔ̀m, lɔ̀m a tɛmēp yaga ŋwɛŋwēɛ. Ɓòt ɓa hêl, ɓa kā̌l lɛ, Kinjē ndòŋ mùt ìni yàk mbèbi ì nnōgoòl nì lɔ̀m? Màteò 8,26–27

Yòhanès 17,20–26 :: Kòlosè 3,12–17

8. Ŋgwà Mbɔk, M̀puyɛ

Nyambɛ à yis ɓèè màlombla mee, ma à kǎl ɓèè lɛ ni teeda, halā à yè lɛ, jòm li matìŋ; à tìlā ki mɔ̄ ŋgìì diɓambha di ŋgôk diɓaà. Ndììmbà Mben 4,13

Yesù à kā̌l lɛ, Nì hɔŋɔl ɓāŋ lē mè bilɔ̀ i òbòs mben tɔ̀ ɓàpodôl; mè bilɔ̀ ɓe mɛ ī òbòs, ndik ī yōnoòs. Màteò 5,17

Èfesò 4,11–16 :: Kòlosè 3,18–4,1

9. Ŋgwà Kɔɔ, M̀puyɛ

Ɓòt ɓa lôŋ yɔŋ ɓa ŋkàl lɛ, Njěl Ŋwět ì tee ɓē sep. Ndi njèl yáp yɔ̌n ì tee ɓē sep. Èzekìèl 33,17

TOBOTOBO : e : "thé", èt : peser le poids *** u : "tout", ùɓè : tremper

Ɓaa ŋgìtelêɓsep ì yè yak Nyāmbɛ è? Ɓààloŋe! Romà 9,14

Èzekìèl 34,23–31 :: Kòlosè 4,2–6

10. Ŋgwà Jôn, M̀puyɛ
Yèhovà à ŋkàl lɛ, Ɓaa mɛ̀ yè ndik Nyāmbɛ nū ɓèɓèè, mɛ̀ ɓa ɓe Nyambɛ nū nɔ̄nɔk ɛ? Yèrèmià 23,23

I ŋgēn iaâ Yesù à lɔnd makeŋi lɛ, Eloì, Eloì, Lama sabak tani? Likɔ̀ble jee li ye lē, À Nyambɛ wèm, à Nyambɛ wèm, ù ŋ̀kenhɛnɛ ki mê? Markò 15,34

Yòhanès 14,1–6 :: Kòlosè 4,7–18

Tɔ̀njɛɛ à yè i Krǐstò, wèɛ à yè hègel yɔndɔ. Màm ma kwân ma mmāl tagɓè; nùnakì, ma ńyilā yɔndɔ yɔndɔ.
2 Kòrintò 5,17

Yòhanès 15,1–8 :: Mìnsɔn mi Ɓaomâ 17,22–34 :: Bìɓòdlɛ 1,1–31; 2,1–4a :: Bìŋgèŋgên 8,22–36

11. Ŋgwànôy, M̀puyɛ
Ù nibik ɓâŋ. Mànyɔ̀dì 20,15

Mùt à nibik, à nip ha ɓâŋ, ndi a tūmbɓa yāga ni lɔ̄ŋge nsɔ̄n à ŋgwèl ni mɔ̀ɔ mee lɛ a ɓana jàm i tī nū à ncēlɛɛ̀l.
Èfesò 4,28

12. Ŋgwà Njaŋgumba, M̀puyɛ
Nì gayēŋ mɛɛ̀, ni lebā mè, i ŋgèdà nì gayēŋ mɛ nì mìŋɛm minân ŋwɔminsonā. Halā nyēn Yèhovà à ŋkàl.
Yèrèmià 29,13–14

Ndi nŭnkì, mùdàà wadā nu màcèl ma ɓā pam jòm li ŋwii mbòk iɓaà, à lôl nyɛ mbūs, à tis linjèk li mbɔt yeē; Inyǔlē à pɔt nì nyɛmèdɛ lɛ, Iɓālē mɛ̀ ǹtihba yaga tɔ mbɔ̄t yeē,

---

MÀKIŊ: (1) <u>Haut</u>: kop/kóp : poule, verser **** (2) <u>Bas</u>: nɔ̀l/nòl : rire

wɛ̀ɛ mè m̀mâl. Nì Yesù à hyêlɓà, à tɛhɛ nyɛ, à kâl lɛ, À ŋgônd yèm, ɓan ŋ̀ɛm; hemlè yɔŋ i mmelēs wɛɛ́. Nì mùdàa a mâl ha ŋgɛ̄ŋ ì. Màteò 9,20–22

Ròmà 1,18–25 :: Yòèl 1,1–20

13. Ŋgwà Ûm, M̀puyɛ

Mè ŋkɔ̀n masee inyùu ɓàŋga yɔŋ, kìkìi nū à ǹlebā ŋgandàk ŋ̀kùs u mɓùma. Hyèmbi 119,162

Ànè ŋgiī i ye wěŋgɔ̀ŋlɛ lìsòò li ŋkùs li ɓā li solī ī wɔ̀m; li mùt à lèba, à soō jɔ; ndi inyùu màsee mee à kê, à nuŋūl gwɔm gwee gwɔbisonā, à sɔmb wɔ̀m û. Màteò 13,44

1 Tìmòteò 4,1–5 :: Yòèl 2,1–11

14. Ŋgwà Ŋgeè, M̀puyɛ

Iɓālē mè ǹyɔ́ŋ bipàbay bi mayɛ ma kɛl, mè yēn ki māsūk ma tuyɛ mā nloōha haà, nyɔ̀ɔ yāga nyɛn wɔ̀ɔ̀ wɔŋ u gaēga mɛɛ́, wɔ̀ɔ̀ wɔŋ waalōm kiì u gagwèl mê. Hyèmbi 139,9–10

Paul à kâl lɛ, Aŋgèl Nyambɛ, nu mè yè wèe, ni nu mè ŋgwèlèl, ì ɓak ì tee mè i pāŋ lɛēn juù, ì kâl mɛ lē, À Paul, ù kɔ̀n ɓáŋ wɔ̀ŋi, ù ǹlama tɛlɛp bisū bi Kaysà; nǔnkì, Nyambɛ à ǹti wɛ ɓɔ̄ɓasonā wè nì ɓɔ nì yè i kède sìtìmà. Mìnsɔn mi Ɓaomâ 27,23–24

Yòhanès 8,31–36 :: Yòèl 2,12–17

15. Ŋgwà Mbɔk, M̀puyɛ

À Nyambê, ŋ̀em u ńyɔ̀dɔ̀p, u ye kì ǹsòhga, ù gayàn ɓe wɔ. Hyèmbi 51,19/51:17

TOBOTOBO : e : "thé", èt : peser le poids *** u : "tout", ùbè : tremper

Yesù à kâl lɛ, Ŋ̀kɔ̀dtâs à tɛlɛp nɔnɔk, à pa ɓē ki tɔ̀ mìs mee i ŋgìi, à hoo mɔɔ tōl, à kâl lɛ, À Nyambê, kɔ̌n mɛ̀ m̀ɓɔ̀ŋɓeba ŋgɔɔ. Mɛ̀ ŋkàl ɓee lɛ, Nunu nyɛn à sǒs ī ndāp yeē ŋ̀kɛ̌lgà lɛ à tee sēp. Lukàs 18,13–14

Romà 8,7–11 :: Yoèl 2,18–27

16. Ŋgwà Kɔɔ, M̀puyɛ
Mɛ̀ m̀ɓɛ̀m Yehōvà nu à nsòò ndap Yākòb su wee; mɛ̀ gaɓɛ̀l ndigi nyɛ̄ mìs. Yèsayà 8,17

Ɓon ɓa ye Ǐsrǎɛ̀l, ɓon ɓa gweē tēl ŋgwalaàgɓêl, nì lìpem, nì màlombla, nì mben, nì ǹsɔn biɓegês, nì màkàk.
Romà 9,4

Yòhanès 19,1–7 :: Yoèl 3,1–5

17. Ŋgwà Jôn, M̀puyɛ
Lɔŋgeŋēm i Yehōvà i ye iɓòdòl ɓɔ̀ga ikèpam yāga ɓɔ̀ga inyùu ɓā ɓā ŋkɔ̀n nye wòŋi, tɛlêbsep yee kî lɛtèè nì ɓalàl, inyùu ɓā ɓā ntēeda malombla mee, nì ɓa ɓā m̀ɓìgda maɓehna mee i ɓòŋòl mɔ. Hyèmbi 103,17–18

Lakìi ù bitēeda ɓaŋgà yɛɛ̀m nì honɓà, yàk mɛ̀ mɛ̀ gatēeda wɛ ŋgèdà mànɔɔ̀dɛ̀, ì ì nyegi ī lòl ŋ̀kɔ̀ŋ hisi wɔnsonā i nɔɔ̀dɛ̀ ɓa ɓā ńyɛn hana hisī. Màsɔɔ̀là 3,10

Màsɔɔ̀là 22,1–5 :: Yoèl 4,1–21

Tublana Yèhovà hyèmbi hi yɔndɔ, inyŭlē à biɓɔ̀ŋ mâm ma helha! Hyèmbi 98,1

Lukàs 19,37–40 :: Kòlosè 3,12–17 :: 1 Sàmuèl 16,14–23 :: Mìnsɔn mi Ɓaomâ 16,23–34

MÀKIŊ̀: (1) <u>Haut</u>: kop/kóp : poule, verser **** (2) <u>Bas</u>: nɔ̀l/nɔ́l : rire

18. Ŋgwànɔ̀y, M̀puyɛ

Yèhovà à ńyī mahɔŋɔɔ̀l ma mût, lɛ ma ye ndīgi ǹhebek.
Hyèmbi 94,11

Mùt nyɛkǐnyē à lòk ɓáŋ nyēmèdɛ, iɓālē mùt à nhɔ̄ŋɔl i kède nàn lɛ à gwèe pèk ì ɓòt ɓa hyày hini, wèè a yilā jōŋ muùt, lɛ ndi a ɓana pèk. Inyŭlē pèk ŋ̀kɔ̀ŋ hisi ì yè ndik ǹtùmbà jâm i mìs ma Nyambê. 1 Kɔ̀rintò 3,18–19

19. Ŋgwà Njaŋgumba, M̀puyɛ

Dì ńyī ɓe ki tɔ̀ jàm dì gaɓɔ̀ŋ, ndi mìs mes ma legnɛ wè. 2 Mìŋaŋ 20,12

Yesù à kāl mom masaàmbɔk ma ɓanigîl mbòk iɓaà lɛ, Tɔ̀ ìmbɛ ndap nì njòp, kàla ndūgi lɛ, Ǹsàŋ u ɓa nì ndap ìni.
Lukàs 10,2.5

Bìŋgèŋgên 8,22–36 :: Mìnsɔn mi Ɓaomâ 1,1–14

20. Ŋgwà Ûm, M̀puyɛ

Haana nyɛn Yèhovà à ŋkàl lɛ, Mè ǹnogol wɛ ī kède màsɔɔhè mɔŋ, mè m̀māl ki tēhɛ gwiihà gwɔŋ. Nŭnkì, mè gamèlɛs kôn wɔŋ. 2 Bìkiŋɛ 20,5

Hêdmàn kiŋɛ ì kāl nyɛ lɛ, À Ŋwɛt, sŏs ilɔ̀lɛ màn wêm à ńwɔ̄. Yesù à kāl nyɛ lɛ, Kènɛk; màn wɔ̄ŋ à nnìŋ. Mùt nu à hemlɛ ɓaŋgā Yēsù à kǎl nyē, à kê. À ɓa ɓǎŋ à nsòs, miŋkɔ̀l ŋwee mi ɓɔmā nyɛ, mi kāl lɛ màn weē à nnìŋ.
Yòhanès 4,49–51

Romà 15,14–21 :: Mìnsɔn mi Ɓaomâ 1,15–26

TOBOTOBO : **e** : "thé", **èt** : peser le poids *** **u** : "tout", **ùɓè** : tremper

21. Ŋgwà Ŋgeè, M̀puyɛ

À Siòn, ù kɔ̀n ɓáŋ wɔ̀ŋi. Mɔ̀ɔ̀ mɔŋ ma yòmbop ɓáŋ. Yèhòvà Nyambɛ wɔ̀ŋ à yè Nulìpemba i kède yôŋ, nu à ntɔ̄hɔɔ̀l. Sòfònià 3,16–17

Kòna ɓā ɓàhɔgi ɓa mpèèna ŋgɔɔ. Yudà 22

Màteò 11,25–30 :: Mìnsɔn mi Ɓaomâ 2,1–13

22. Ŋgwà Mbɔk, M̀puyɛ

À Yehōvà, Ɓa ɓā ntèèŋgànà ɓa tèmb ɓáŋ nì wɔnyuu. Hyèmbi 74,21

Nì mùdàa Kānàân à lɔ̂, à oop bisū bi Yesù, à kāl lɛ, À Ŋwet, hola mè. Nì nye a tîmbhè, à kāl lɛ, I ta ɓē lɔŋge ī yòŋ kòga i ɓɔn, i lēɓeèl yɔ ŋgwɔ̄. Nì nye a kāl lɛ̄, Ŋ̀ŋ̂, à Ŋwet; ŋgɔ yàk ŋgwɔ i njē minluŋ mi ŋkwɔ̀ i sī tēɓlè ɓet ɓap. Nì Yesù à tîmbhe nye lɛ, À mudàa, hemlɛ̀ yɔŋ i ye kēŋi; i ɓoŋā nì wè kìkìi ù nsòmbòl. Nì ŋgònd yèe ì māl ha ī ŋgēŋ ì. Màteò 15,25–28

1 Kòrintò 14,6–9.15–19 :: Mìnsɔn mi Ɓaomâ 2,14–21

23. Ŋgwà Kɔɔ, M̀puyɛ

Mè galɔ̀na ɓɔ, ɓa nyɔdnègè ŋɔ̄mbɔk, mè gakɔ̀t ɓɔ, ɓa lolàk masūk ma hisi, mɓòda nì ɓòt ɓa ndim nì bìɓok, mùdàa jèm, nì nu à ŋkòògà; ɓa gatèmb hana, sɔsɔ̄ ǹtoŋ yaga. Yèrèmià 31,8

Nì ŋwèt ndap à unûp, à kāl ŋkɔ̀l wee lɛ, Pala kè minlɔ̄ŋ nì dinjèla di ŋkɔ̀ŋ, u lɔnā dìyɛyèɓà, nì ɓòt ɓa bilɛm, nì ndim, nì bìɓok. Lukàs 14,21

Màsɔ̀ɔ̀là 5,11–14 :: Mìnsɔn mi Ɓaomâ 2,22–36

MÀKIŊ: (1) Haut: kop/kóp : poule, verser **** (2) Bas: nɔ̀l/nɔ̂l : rire

24. Ŋgwà Jôn, M̀puyɛ

Wètama wěn ù ńyī miŋem mi ɓɔn ɓa ɓoòt ɓɔɓasonā. 1 Bìkiŋe 8,39

Yesù à tɛhɛ ɓǎŋ Nàtanāèl à nlɔ̀ nyēnī, à pɔt inyùù yeē lɛ, Nùnakì, ǹtĩ́ĩk man Ĩsrǎèl nu à gwèe ɓē mandɔn! Nàtanāèl à ɓât nyɛ lɛ, Ù ńyīl hɛ meè? Yòhanès 1,47–48

Yòhanès 6,60–69 :: Mìnsɔn mi Ɓaomâ 2,37–41

Nyambɛ ā ɓa ǹsǎyɓàk, nu à bicèl ɓe masɔɔhè mêm, tɔ̀ hèà lɔŋge yēe ŋem ni mè. Hyèmbi 66,20

Lukàs 11,1–13 :: 1 Tìmòteò 2,1–6a :: Mànyɔ̀dì 32,7–14 :: Yòhanès 16,23b–33

25. Ŋgwànɔ̀y, M̀puyɛ

Ù neyhak ɓǎŋ ŋem wɔŋ, tɔ̀ sudɛ wɔ̀ɔ̀ wɔŋ inyùu mǎsɔŋ nu à nsàmb. Ndìimbà Mben 15,7

À lôgtatà, halā à mɓāhlɛ ki muùt iɓālē à ŋkàl lɛ à gwèe hēmlè ndi à ɓana ɓe minsɔn? Yàkobò 2,14

26. Ŋgwà Njaŋgumba, M̀puyɛ

Hà inyùu ŋgùy ɓee, tɔ̀ inyùu lìpemba, ndik inyùu Mɓūu weèm. Halā nyēn Yèhovà nu mìntɔŋ à mpɔ̄t. Sàkàrià 4,6

Nì aŋgèl ì tîmbhè, ì kâl nyɛ lɛ, Mbuu M̀pubi à galòl wê, lìpemba li Nuŋgìŋgiī li gahōo weè, jɔn yɔ̌m pūbi ù gagwâl i gasèblana lɛ Mǎn Nyāmbeè. Lukàs 1,35

Markò 1,32–39 :: Mìnsɔn mi Ɓaomâ 2,42–47

27. Ŋgwà Ûm, M̀puyɛ

Ñjɛɛ à yè lìaa, hàndugi Nyambɛ wès. Hyèmbi 18,32/18:31

TOBOTOBO : **e** : "thé", **èt** : peser le poids *** **u** : "tout", **ùbè** : tremper

Paul à ntìla lɛ, Bèhɓɔmèdɛ dì ɓeema mēlēs i kèdɛ yés lɛ dì ŋwɔ yàà, lɛ ndi dì ɓodol ɓáŋ ɓèhɓɔmèdɛ ŋem, ndik Nyāmbɛ nū à ntùgul ɓawɔ̄ga. À bisòŋ ɓes nì ndòŋ nyɛ̌mb ìni, à gasòŋ ki ɓès. Nyɛ ki nyɛ̄n dì mɓōdol ŋem lɛ à gaɓā à nsòŋ ɓes. 2 Kɔ̀rintò 1,9–10

Lukàs 18,1–8 :: Mìnsɔn mi Ɓaomâ 3,1–10

28. Ŋgwà Ŋgeè, M̀puyɛ
Dilɔ̄ di nsōk i galēŋa lɛ, Lɔ̀ŋ i gamàŋglɛ ha ɓe lɔ̂ŋ ìpɛ pansòŋ, tɔ̀ jòp i yìgîl gweèt. Yèsayà 2,2.4

Lìgɓana i ɓāna ǹsàŋ nì ɓôt ɓɔɓasonā, yàk nì pubhà, iɓaɓɛ yɔ mùt nyɛkǐnyē à gatēhɛ ɓe Ŋwet. Lòk Hebèr 12,14

Yòhanès 14,7–14 :: Mìnsɔn mi Ɓaomâ 3,11–26

MÀƁET MA YESÙ I ŊGÌÌ (CHRISTI HIMMELFAHRT)
Krǐstò à ŋkàl lɛ, Iɓālē mè m̀ɓedhana hana hisī, mè gaòt ɓôt ɓɔɓasonā měnī. Yòhanès 12,32

Lukàs 24,44–53 :: Mìnsɔn mi Ɓaomâ 1,3–11 :: 1 Bìkiɲɛ 8,22–24.26–28

29. Ŋgwà Mbɔk, M̀puyɛ
Yèhovà à mpɔ̄t lɛ, **Mè gatí ki ǹsàŋ mu hīsī hinaàn, ndi nì ganàŋal, mùt nyɛkǐnyē à gasōha ɓe ɓee mìŋem**. Lòk Levì 26,6

Yesù à ŋkàl lɛ, **Mè mpēmhɛnɛ mimbuu mìmɓɛ ni hìnɔ̀ɔ̀ hi Nyambê, wèɛ anè Nyambɛ i nsuūmbɛ yaā i ɓěnī**. Lukàs 11,20

30. Ŋgwà Kɔɔ, M̀puyɛ
Ɓa ɓā ŋgwēs joy jɔŋ ɓa kɔnɔ̄k màsee inyùù yôŋ. Hyèmbi 5,12

MÀKIŊ: (1) <u>Haut</u>: kop/kóp : poule, verser ******** (2) <u>Bas</u>: nòl/nɔ̀l : rire

Nì ɓàpodôl ɓa nyɔdi bisū bi ntoŋ ɓakeêŝ, ɓa kɔnɔ̀k màsee lɛ ɓa ŋeŋa kìi ɓòt ɓa kolī kòs wɔnyuu inyùu jòy lî. Ndi hi kɛl yaga i kède tēmpèl nì nyɔ̀ɔ māndāp ɓa ɓā ŋwaàs ɓe niigà nì aŋâl Mìŋaŋ Mìnlam lɛ Yesù à yɛ̀ Kr̆stò.

Mìnsɔn mi Ɓaomâ 5,41–42

Yòhanès 18,33–38 :: Mìnsɔn mi Ɓaomâ 4,1–12

31. Ŋgwà Jôn, M̀puyɛ

Mùt nu à ŋùnda karîs, à pòòhàk, à yènàk lɔŋgê, à gatēe maàm mee sēp. Hyèmbi 112,5

Ɓòt ɓa ye mìŋgwàŋ ɓa ɓɔŋɔ̄k lɔ̄ŋgeè, ɓa ɓâk mìŋgwàŋ i kède mìnsɔn mìnlam, ɓa kabàk, ɓa ɓâk ŋkŏɓàgà i hōla ɓòt ɓápɛ. Halā nyēn ɓa ŋkòòbana ɓɔmèdɛ lisòò li ŋkùs, jɔn li ye ɓàŋga hìkùù inyùu ŋgèdà ì nlɔ̀, lɛ ndi ɓa kobda nìŋ ɓɔgā mɔ̀ɔ. 1 Tìmòteò 6,18–19

Èfesò 1,15–23 :: Mìnsɔn mi Ɓaomâ 4,13–22

TOBOTOBO : **e** : "thé", **èt** : peser le poids *** **u** : "tout", **ùɓè** : tremper

BUK I SOŋ: Ndi Nyambɛ à biɛ̄ba mɛ lē mè aŋ ɓáŋ mùt nyɛkǐnyē kìlà tɔ̀ nyèga. Mìnsɔn mi Ɓaomâ 10,28

Krǐstò à mpɔ̄t lɛ, **Iɓālē mè m̀bedhana hana hisī, mè gaòt ɓôt ɓɔɓasonā mɛ́nī.** Yòhanès 12,32

Yòhanès 16,5–15 :: Èfesò 3,14–21 :: Yèrèmià 31,31–34

1. Ŋgwànɔ̂y, Hìlòndè
Hannà à sɔɔhè, à kál lɛ, **À Yehōvà nu mìntoŋ mi gwêt, iɓālē ù gagwēs ɓeŋgē ndeèŋgà ì ǹlìmil wɔŋ u mudàa, ù ɓígda ki mè, ù hoya ɓe nlìmil wɔŋ u mudàà, ndi ù ti nlìmil wɔŋ mudàà man mùùnlom, wèɛ mè gatí Yehōvà nyɛ dilɔ̄ di niìŋ yee cɔdisonā.** 1 Sàmuèl 1,11

Ŋgèdà gwâl Elisàbèt ì pam; nì nyɛ à gwal man mùùnlom. Ɓòt ɓee ɓa liɓok nì màhàà mee ɓa nɔk lɛ Ŋwêt à ǹlôha kɔɔ̄n nyɛ ŋgɔ̄ɔ; nì ɓɔ ɓa kɔ̃n masee loòŋnì nyɛ.
Lukàs 1,57–58

2. Ŋgwà Njaŋgumba, Hìlòndè
Yèrèmià à kál lɛ, **Inyùu pɔ̄ɔ ì ŋgònd ì ɓòt ɓêm, mè yè m̀ɓaabàk; mè nlèp, màsìhì ma gweē mè. Ɓàa hìcɔ hi ta ɓē i Gìlèàd è? Ɓàa ŋgàŋgàŋ à tà ɓe nyɔɔ ɔ̀? Inyǔkī ni ɓòt ɓêm ɓa mɓōoòp ɓee?** Yèrèmià 8,21.22

Yesù à kál Sakèò lɛ, **Tɔhi ī njoōp munu ndāp ìni lêŋ, inyǔlē yàk nyɛ à yè mǎn Àbràhâm. Inyǔlē Mǎn mùt à bilɔ i yēŋ nì tɔhɔ́l ɓànimlaga.** Lukàs 19,9–10

Èzekìèl 11,14–20 :: Mìnsɔn mi Ɓaomâ 4,23–31

MÀKIŊ: (3) <u>Moyen</u>: sɔsɔ́ : grand **** (4) <u>Haut-bas</u>: pên : peinture

3. Ŋgwà Ûm, Hìlòndè

Nûmpubi, Nûmpubi, Nûmpubi, Yèhovà nu mìntoŋ nyen à yè nyɛ; hìsi hyɔsonā hi ŋ́yɔn ni lìpem jee. Yèsayà 6,3

Aŋgèl ì pɔdôk nì kiŋ kēŋi lɛ, Kòna Nyāmbɛ wòŋi; tina nyē lìpem, inyǔlē ŋgeŋ yeè i pēmeès mbàgi ì ŋ̀kɔlà; ɓeghana nū à hěk ŋgìì, nì hìsi, nì tuyê, nì màŋgen ma malep. Màsɔɔ̀là 14,7

Yèsayà 41,8–14(17–20) :: Mìnsɔn mi Ɓaomâ 4,32–37

4. Ŋgwà Ŋgeè, Hìlòndè

Ù yè Tàtâ, Nyambɛ wèm, nì liaa li tɔhi yêm. Hyèmbi 89,27/89:26

Ti ɓès kɔgā i koli nì ɓès lên. Màteò 6,11

Yèsayà 32,11–18 :: Mìnsɔn mi Ɓaomâ 5,1–11

5. Ŋgwà Mbɔk, Hìlòndè

Nyambɛ à ŋkàl ɓeba mût lɛ, Kinjē jàm ù mɓɔ̀ŋ, i tōp màtiŋ mêm, ù simlàk kì màlombla mêm i nyɔ̀ wɔŋ, wè nu ù ŋɔ̀ɔ̀ maeba, ù kòmòk kì bìɓàŋga gwêm mbus? Hyèmbi 50,16–17

Hà hi mût ɓe nu à nsèbel mɛ lē, À Ŋwɛt, à Ŋwɛt, nyen à gajòp i ànè ŋgìì, ndik nū à mɓɔ̀ŋ sombòl Tatā nū à yè i ŋgìì. Màteò 7,21

Mìnsɔn mi Ɓaomâ 1,12–26 :: Mìnsɔn mi Ɓaomâ 5,12–16

6. Ŋgwà Kɔɔ, Hìlòndè

Kìkìi dìkòa di ŋkēŋa Yerūsàlèm, halā kì nyen Yèhovà à ŋkēŋa ɓoòt ɓee. Iɓòdòl ŋgèdà ìni letèè nì m̀ba ni m̀ba. Hyèmbi 125,2

TOBOTOBO : ɓ : "b implosif", ɓep: frapper *** c : "tch", **C**âd : Tchad

Hìlòndè (06)

Yesù à pɔt lɛ, **Mɛ̀ nsɔ̄ɔhɛ ɓe mɛ lē u heā ɓɔ̄ ŋkɔ̀ŋ hisi, ndik lē u tat ɓɔ̄ inyùu mùt m̀ɓɛ.** Yòhanès 17,15

Yòhanès 19,25–27 :: Mìnsɔn mi Ɓaomâ 5,17–33

7. Ŋgwà Jôn, Hìlòndè

À Yehōvà, Wɔ̀ɔ̀ wɔŋ u gweē ŋgùy nì lìpemba, kàyèlɛ mùt nyɛkĭnyē à nlà ɓe kédɓa weè. 2 Mìŋaŋ 20,6

Nì ɓɔ ɓa telêp, ɓa luhūl nyɛ ŋkɔ̀ŋ Nâsàrèt, ɓa kenā nyɛ mayèŋɓàk ma hikòa, hòma ŋ̀kɔ̀ŋ wap u ɓā u oŋnɛ, lɛ ndi ɓa nyugē nyē i sī. Ndi à tagɓɛ i kède yâp, à kɛ yèè.
Lukàs 4,29–30

Sàkàrià 4,1–14 :: Mìnsɔn mi Ɓaomâ 5,34–42

ŊGÀND PÈNTÈKÔT (PFINGSTFEST)

Hà inyùu ŋgùy ɓee, tɔ̀ inyùu lìpemba, ndik inyùu Mɓūu weèm. Halā nyēn Yèhovà nu mìntoŋ à mpɔ̄t. Sàkàrià 4,6b

Yòhanès 14,15–27 :: Mìnsɔn mi Ɓaomâ 2,1–21 :: Bìɓòdlɛ 11,1–9

8. Ŋgwànɔ̀y, Hìlòndè

À Yehōvà wěn ù ntēeda gwɔm gwɔbisonā; ǹtoŋ ŋgii u mɓēges weè. Nèhèmià 9,6

Ɓa sɔ̄ɔhɛ ɓǎŋ, hòma nu ɓā kɔ̀dɓana à kahal nyèŋg; nì ɓɔɓasonā ɓa yɔn ni Mɓūu M̀pubi, ɓa aŋal ɓaŋgā Nyambɛ nì màkend. Mìnsɔn mi Ɓaomâ 4,31

Hà inyùu ŋgùy ɓee, tɔ̀ inyùu lìpemba, ndik inyùu Mɓūu weèm. Halā nyēn Yèhovà nu mìntoŋ à mpɔ̄t.
Sàkàrià 4,6b

Yòhanès 20,19–23 :: 1 Kɔ̀rintò 12,4–11 :: Ŋ̀aŋga Ɓôt 11,11f.14–17.24f.(26–30) :: Màteò 16,13–19

MÀKIŊ: (3) <u>Moyen</u>: sɔs**5** : grand **** (4) <u>Haut-bas</u>: pên : peinture

9. Ŋgwà Njaŋgumba, Hìlòndè

Ndèèŋgà ì nu à tee sēp ì yè ŋgàndàk; ndi Yèhovà à nsòŋ nyɛ mūkède yɔ̀sonā. Hyèmbi 34,20/34:19

Ndi i ŋgèdà ɓa ŋkèna ɓee bikēehɛnɛ, nì tòŋ ndugi ɓáŋ inyùu jàm nì gapɔ̄t ndi tɔ̀ kòòbà jɔ; ndi tɔ̀ kinjē jàm li gatīna ɓee ŋgēŋ ì, jɔn pɔ̄da; inyŭlē hà ɓèè ɓe ɓɔn nì mpɔ̄t, ndik Mɓūu Mpubi. Markò 13,11

10. Ŋgwà Ûm, Hìlòndè

Yèhovà à yè lìaa jêm, hìkoya hyêm nì ǹsòŋ wèm. 2 Sàmuèl 22,2

Paul à ntìla lɛ, **Ŋwɛ̆t à ɓeè mè i mbūs, à lèdhàk kì mè nì lìpemba, lɛ ndi mèmèdɛ mɛ tibil yāga aŋal miŋaŋ ŋwee kàyèle bìlɔŋ bìpɛ gwɔbisonā bi nɔk ŋwɔ̄; ndi à bisòŋ mɛ ī nyɔ̀ mbɔndɔnjèe.** 2 Tìmòteò 4,17

Mìnsɔn mi Ɓaomâ 4,23–31 :: Mìnsɔn mi Ɓaomâ 6,1–7

11. Ŋgwà Ŋgeè, Hìlòndè

Ù gaɓɔ̀ŋ nsɔn dìlɔ disamàl, ǹsɔn wɔŋ wɔnsonā yaga; ndi hìlɔ hi ńyonos disâmɓɔk hyɔn hi ye ŋgwà nɔ̂y inyùu Yèhovà Nyambɛ wɔ̀ŋ. Yɔ̀kɛl ù gagwèl ɓe nsɔn wɔkĭwɔ̄. Mànyɔ̀dì 20,9.10

Yesù à kâl ɓɔ lɛ, **Ki i ye kùndè i ɓɔ̀ŋ Ŋgwànɔ̂y, hɛ lɔ̄ŋgeè, hɛ ɓéɓa? Hɛ nìŋìs, hɛ nɔ̄l?** Markò 3,4

Mìnsɔn mi Ɓaomâ 8,9–25 :: Mìnsɔn mi Ɓaomâ 6,8–15

TOBOTOBO : **ɓ** : "b implosif", **ɓ**ep: frapper *** **c** : "tch", **C**âd : Tchad

12. Ŋgwà Mbɔk, Hìlòndè

Nì nɔ̀ŋɔ̀k ndigi Yèhovà Nyambɛ nàn, nì kɔ̀n nyɛ wɔ̀ŋi, nì teedà màtìŋ mee, nì nogôl kiŋ yeè; nì gagwèlel nyɛ nì adɓɛ̀ nyɛ. Ndììmbà Mben 13,5

Nì mɓăy kìkìi còdot hana ŋkɔ̀ŋ hisi, lakìi nì gwèèba ɓàŋga i nîŋ. Fìlipì 2,15–16

Mìnsɔn mi 'Baomâ 11,1–18 :: Mìnsɔn mi 'Baomâ 7,1–16

13. Ŋgwà Kɔɔ, Hìlòndè

'Bàa jàm li ńyìdil Yehōvà à? Bìɓòdlɛ 18,14

I mbūs hālà à pemel jom nì wàda i ŋgèdà ɓa ɓā ɓa yiīnɛ ī jē, nì nyɛ à yahāl ɓɔ inyùu ŋgìtɔbhemlɛ̀ wàp nì mìnlɛ̀dek ŋwap mi miŋem, inyŭlē ɓa hēmlɛ ɓē ɓèt ɓa tēhɛ nyē, à ma tūgè. Markò 16,14

Mìnsɔn mi 'Baomâ 11,19–26 :: Mìnsɔn mi 'Baomâ 7,17–29

14. Ŋgwà Jôn, Hìlòndè

Mùdàa a tɛhɛ lē ɛ i ī ye lōŋgɛ inyùu jē, nì lɛ i ye lām i mìs, nì lɛ i nsòmbla i tī mùt pèk. Bìɓòdlɛ 3,6

Ŋ̀kɔ̀ŋ hisi u gweā tāgɓɛ̀, yàk mìnhɛŋa ŋwee. Ndi mùt à mɓɔ̀ŋ sombòl Nyambê, nyɛn à yii ɓɔ̀ga ni ɓɔ̀ga.
1 Yòhanès 2,17

Mìnsɔn mi 'Baomâ 18,1–11 :: Mìnsɔn mi 'Baomâ 7,30–43

Kàrîs ì Ŋwèt wés Yesù Krǐstô i ɓa nì ɓèè ɓɔɓasonā, nì gweha Nyāmbɛɛ̀, nì àdnà Mbuu M̀pubi. 2 Kòrintò 13,13

Yòhanès 3,1–8-13 :: Romà 11,32–36 :: Yèsayà 6,1–8–13
2 Kòrintò 13,11–13

MÀKIŊ: (3) <u>Moyen</u>: sɔs5̄ : grand **** (4) <u>Haut-bas</u>: pên : peinture

15. Ŋgwànɔ̂y, Hìlòndɛ̀

Pemhana yāga mbagī màliga, ni undā kì lɔŋgeŋēm nì kɔ̀nàŋgɔɔ, hi mût nì mǎsāŋ. Sàkàrià 7,9

Ndi ŋ̀kɔ̀l Ŋwet u nlama ɓe jɔ bīsàŋ, ndi u ɓoyhègɛ̀ ndigi ɓòt ɓɔɓasonā, u ɓangà pèk i nīigà, u honɓàgà kì, u yîk niiga ɓakɔ̀lɓà nì ŋ̀emlimà, lɛ tɔ̀ɔ Nyambɛ à yɛ lɛ à nehnɛ ɓɔ njèl i hyèl mìŋem, lɛ ɓa yi màliga. 2 Tìmòteò 2,24–25

16. Ŋgwà Njaŋgumba, Hìlòndɛ̀

Ndìmbhɛ̀ ŋwɛ̀ɛ ì mmōmos kundùl, ndi nyeyha ɓaŋgā i nsùgde hiun. Bìŋgèŋgên 15,1

Tèŋɓɛ yāga ni ndèmbèl bìɓàŋga bi maliga ù binōgol i nyɔ̀ wêm i kède hēmlɛ̀ nì gweha ī ī ye ī Krīstò Yesù. 2 Tìmòteò 1,13

Mànyɔ̀dì 3,13–20 :: Mìnsɔn mi Ɓaomâ 7,44–53

17. Ŋgwà Ûm, Hìlòndɛ̀

Nyambɛ à kâl Yakòb lɛ, **Mɛ̌n mɛ yɛ Nyambê, Nyambɛ nū ìsɔŋ, ù kɔ̀n ɓâŋ wɔ̀ŋi i sòs letèè nì Egīptò, inyŭlē nyɔ̀ɔ nyēn mɛ̀ gayìlhana wɛ lɔ̀ŋ keŋi; Mɛ̀ gasòs lôŋnì wɛ̀ letèè nì Egīptò, mɛ̀ gaɓēdna yaga ki wɛ̀ nyɔ̀nɔ.** Bìɓòdlɛ 46,3.4

Petrò à kâl lɛ, **Nŭnkì, dì biyēk maàm mes, dì nɔ́ŋ wɛ̀ɛ. Nì Yesù à kâl ɓɔ lɛ, Hɔ̀dɔ mɛ̀ nhɔ̄mb ɓee lɛ, mùt nyekǐnyē nu à ñyek ndap, tɔ̀ ŋwàa, tɔ̀ lògnyâŋ ɓoòlom, tɔ̀ ɓàgwâl, tɔ̀ ɓɔ̀n, inyùu ànɛ̀ Nyambê, nyen à gakòs ŋgandàk ìlɔ̀ɔ ha ŋgèdà ìni, nì ŋgèdà ì nlɔ̀, nìŋ ɓɔgā.** Lukàs 18,28-30

Yèsayà 43,8–13 :: Mìnsɔn mi Ɓaomâ 7,54–8,3

Hìlòndɛ̀ 17, 1722: Bìɓòdlɛ bi maɔŋ ma Herrnhut

TOBOTOBO : ɓ : "b implosif", ɓep: frapper *** c : "tch", Câd : Tchad

Hìlòndè (06)

18. Ŋgwà Ŋgeè, Hìlòndè

Bìɓàŋga gwɔŋ bi ye mè màsee nì màhàk ma ŋem wêm; inyǔlē mè ǹséɓlana ni jòy jɔŋ, à Yehōvà, Nyambɛ nū mìntoŋ. Yèrèmìà 15,16

Fìlipò ɓɔ ŋwàk ɓa sós i lēp, nì Fìlipò à sóblɛ nyɛ. Ɓa pām ɓăŋ mālēp, Mbuu Ŋwɛt à kɛnā Filīpò; ŋwàk u tɛhɛ ha ɓe nyɛ, ndi u kɛ njēl yeē nì màsee. Mìnsɔn mi Ɓaomâ 8,38–39

Yèsayà 57,14–16 :: Mìnsɔn mi Ɓaomâ 8,4–25

19. Ŋgwà Mbɔk, Hìlòndè

Ŋwɛt le Yèhovà, à ŋkàl haana lɛ, Mè gakòhlɛ ki ɓòt ɓápɛ i ɓɔ̄nī, hànduk ɓa ɓā mmaāl koòhlànà. Yèsayà 56,8

Mìŋaŋ Mìnlam mi anè ini mi ga-āŋlana ŋkɔŋ hisi wɔnsonā i ɓā bìlɔ̀ŋ gwɔbisonā mbogī; ndi tɔ̀lɛ lìsuk li nlɔ̀. Màteò 24,14

2 Petrò 1,16–21 :: Mìnsɔn mi Ɓaomâ 8,26–40

20. Ŋgwà Kɔɔ, Hìlòndè

Hyèlɓa ī mēnī, u kɔ́n kì mè ŋgɔɔ, inyǔlē mè yìi mètama, mè yè kì lìyep. Hyèmbi 25,16

À Yesù, mǎn Dāvìd, kɔ̌n mè ŋgɔɔ. Markò 10,47

Lòk Hebèr 2,1–10 :: Mìnsɔn mi Ɓaomâ 9,1–9

21. Ŋgwà Jôn, Hìlòndè

Tina Ŋwɛt nu ɓɛt mayègà, nu nyētāma nyen à mɓɔ̀ŋ mâm ma helha, inyǔlē lɔŋge yēe ŋɛm i nnɔ̀m mɓa ni m̀ɓa. Hyèmbi 136,3.4

MÀKIŊ: (3) <u>Moyen</u>: sɔsɔ̄ : grand **** (4) <u>Haut-bas</u>: pên : peinture

Màmùt ma ɛmblɛ ni ŋ̀ɛm wada màm Fìlipò à ɓa pɔt, kìì ɓa nnɔk, ɓa tɛhɛ ki bìyìmbnɛ à ɓa ɓɔ̀ŋ. Ndi màsee màkɛŋi ma ɓā mū ŋkɔ̀ŋ û. Mìnsɔn mi 'Baomâ 8,6.8

Èfesò 4,1–6 :: Mìnsɔn mi 'Baomâ 9,10–19a

Mùt à ŋēmblɛ ɓee, wɛ̀ɛ à ŋēmblɛ mɛɛ̀; nu à ncèl ɓee, wɛ̀ɛ à ncèl mê. Lukàs 10,16a

Lukàs 16,19–31 :: 1 Yòhanès 4,13–21 :: Yèrèmià 23,16–29 :: Yòhanès 5,39–47

22. Ŋgwànɔ̀y, Hìlòndè
Yèhovà à ɓa ɓôk ɓɔ bisū binjămùha i jèl li ɔ̀nd i kɛ̀nà ɓɔ njèl; nì jùù i jèl li hyee i ti ɓɔ̄ màpubi, lɛ ɓa kɛnɛ̀k bìnjămùha nì jùu. Mànyɔ̀dì 13,21

Yesù à kâl lɛ, **Nì ŋ́wàn Matìlà, inyŭlē nì nhɔ̄ŋɔl lɛ mu nyɛ̄n nì gwɛ̀ɛ̀nɛ nìŋ ɓɔgā; ndi mɔ ni mɔn ma mɓògol mɛ mbògi.** Yòhanès 5,39

23. Ŋgwà Njaŋgumba, Hìlòndè
Yèhovà à yè lɔŋgɛ inyùu ɓôt ɓɔɓasɔnā, kɔ̀nàŋgɔɔ yee kî i kehī ī ŋgìi mìnsɔn ŋwee ŋwɔminsɔnā. Hyèmbi 145,9

Yàk bìhègɛl gwɔmɛ̀dɛ kî bi gatɛ̀mb ŋgwelês lɛ bi ɓā ɓaāŋ i sī ànɛ kìkìi mìŋkɔ̀l inyùu cībaà, ndi bi ɓa ŋ̀gwelês i kèdɛ lìpem kìkìi ɓɔ̀n ɓa Nyambê. Romà 8,21

Romà 12,9–16 :: Mìnsɔn mi 'Baomâ 9,19b–31

Mbògi ì Yòhanès Ǹsòblɛ̀ ìni lɛ, Nyɛ à ǹlama kɛŋêp, ndi mɛ̀ mɛ̀ tigɓàk. Yòhanès 3,30

TOBOTOBO : ɓ : "b implosif", **ɓ**ep: frapper *** **c** : "tch", **C**âd : Tchad

Hìlòndè (06)

Lukàs 1,(5–25)57–66.80 :: Mìnsɔn mi Ɓaomâ 19,1–7 :: Yèsayà 40,1–11 :: Màteò 3,1–12

24. Ŋgwà Ûm, Hìlòndè
Ɓodol Yèhovà ŋɛm nì ŋɛm wɔnsonā, ù nigɓɛnɛ ɓáŋ ɓàŋga yɔ́ŋ yī wɛmɛ̀dɛ. Nɛɛɓɛ nyē manjèl mɔŋ mɔmasonā, ndi à gatēe dinjèla cɔŋ. Bìŋgèŋgên 3,5–6

Yesù à kâl Petrò lɛ, **Hɔ̀dɔ, hɔ̀dɔ, mɛ̀ nhɔ̄mb wɛ lē, ŋgèdà ù ɓɛ̀nɛ̀ màànge wānda, ù ɓɛɛ̀ ù haɓâ, ù hyomôk tɔ̀ hɛɛ ù nsòmbòl; ndi ŋgèdà ù gaùnul, ù gasāmbal mɔɔ mɔŋ, mùt nûmpɛ nyɛn à gahā wɛɛ̀, a kɛnā wè hɛ̌t ù nsòmbòl ɓɛɛ.**
Yòhanès 21,18

25. Ŋgwà Ŋgɛɛ̀, Hìlòndè
Ɓa ɓā ye hàà ɓa galɔ̀, ɓa hola màɔŋ ma tɛmpɛ̀l Yèhovà. Sàkàrià 6,15

Ŋ̀ŋ̂, Bìlɔ̀ŋ gwɔbisonā bi galɔ̀ i ɓēgɛɛ̀s bisū gwɔŋ, inyǔlē màɓɔ̀ŋɔ̀k mɔŋ ma tee sēp ma mmaāl nɛnɛɛ̀. Màsɔ̀ɔ̀là 15,4

Màteò 10,26–33 :: Mìnsɔn mi Ɓaomâ 10,1–23a

26. Ŋgwà Mbɔk, Hìlòndè
Yèhovà à kâl Mosè lɛ, **Kòdol mɛ̀ lòŋ, mɛ ɓɔ́ŋ yɔ̄ lɛ i nɔk bìɓàŋga gwêm, lɛ ndi ɓa nigìl ī kɔ̀n mɛ̀ wɔ̀ŋi dilɔ di nîŋ yap cɔdisonā hana hisī, nì lɛ ɓa niiga ɓɔ̀n ɓap halà.** Ndìimbà Mben 4,10

Ndi wɛ tɛŋɓɛ yāga ni màm ù binigììl, ma ù bihēmlɛ̀, lakìi ù ńyī ɓɛ̀t ɓa biniiga wɛ mɔ̄, nì lakìi ù ńyī Matìlà Màpuɓì iɓòdòl yaga wɛ ŋkɛŋɛɛ man, mɔn ma ntī wɛ ŋgùy lɛ u ɓana pɛ̀k inyùu tɔ̄hi ī nlòl i hēmlɛ̀ i ī ye ī Krĭstò Yesù. 2 Tìmòteò 3,14–15

MÀKIŊ: (3) <u>Moyen</u>: sɔs5 : grand **** (4) <u>Haut-bas</u>: pên : peinture

Yòhanès 1,19–28 :: Mìnsɔn mi Ɓaomâ 10,23b–33

27. Ŋgwà Kɔɔ, Hìlòndè

Yèhovà à nnɔ̄l, à nìŋhàk kì; À nsùhus lɛtèɛ̀ nì i Sèôl, à ɓedhàk kì. 1 Sàmuèl 2,6

Inyŭlē iɓālē dì nnìŋ, wèɛ dì nnìŋil ndigi īnyùu Ŋwět; tɔ̀ dì ŋ́wɔ̄ yàa, wèɛ dì ŋ́wēl ndigi īnyùu Ŋwět. Jɔn tɔ̀ dì nnìŋ, tɔ̀ dì ŋ́wɔ̄, wèɛ dì yè ndigi ɓā Ŋwet. Romà 14,8

Lukàs 3,10–18 :: Mìnsɔn mi Ɓaomâ 10,34–48

28. Ŋgwà Jôn, Hìlòndè

À gakēes diyɛyèbà ndòŋ ì tee sēp, à pemhènègè kì ɓa ɓā nsàmb hana hisī mbàgi tètèɛ. Yèsayà 11,4

Yesù à tîmbhè, à kâl ɓɔ lɛ, Ɓèe kèna, aŋlana Yòhanès màm nì ǹnɔk nì ma nì ǹtɛhê; lɛ ɓàndim ɓa ntēhnà, bìɓok bi hyomôk, ɓàkɔ̀nlò ɓa pubhàgà, ɓàndɔk ɓa nɔggà, ɓàwɔga ɓa tûggè, Mìŋaŋ Mìnlam mi ŋāŋlana diyɛyèbà. Màteò 11,4–5

Màteò 11,2–10 :: Mìnsɔn mi Ɓaomâ 11,1–18

29. Ŋgwànɔ̀y, Hìlòndè

Lɔ̀na měnī, à ɓee ɓɔɓasonā ɓa nì ntùmbɓà nì ɓèèga kì mbègèɛ ì ŋ́yèt, mè mè ntī ɓee nɔ̀y. Màteò 11,28

Lukàs 14,15–24 :: Èfesò 2,11–22 :: Yèsayà 55,1–5

Yèhovà à ŋ́yìlha pêk bìlɔ̀ŋ yàŋgà jâm. Hyèmbi 33,10

Gàmalièl à kâl lɛ, Nì tis ɓáŋ ɓòt ɓana, ŋwàha ɓɔ̄; inyŭlē iɓālē pèk ìni, tɔ̀lɛ ǹsɔn unu u nlòl ni ɓòt, ki ū gaòbi; ndi iɓālē u nlòl ni Nyāmbɛɛ̀, nì galà ɓe yembēl ɓɔ.

TOBOTOBO : **Ɓ** : "b implosif", **Ɓ**ep: frapper *** **c** : "tch", **C**âd : Tchad

Mìnsɔn mi Ɓaomâ 5,38–39

30. Ŋgwà Njaŋgumba, Hìlòndè
Inyŭkī Nyāmbɛ à ntī muùt à yè i sī ŋgèbà màpubi, yàk nìŋ kì inyùu ɓā ɓā gweē ndīk lòlha ndudù ŋēm; ɓa ɓā ńyēŋ nyɛɛmb, ndi ì nlɔ̀ ɓee. Hiòb 3,20–21

Nì binɔ̄k inyùu hōnɓà Hiòb, nì tɛhɛ ki lìsughàk li Ŋwɛt, lɛ Ŋwĕt à yoni nì ŋ̀em ŋgɔɔ nì kɔ̀nàŋgɔɔ. Yàkobò 5,11

Bìŋgèŋgên 9,1–10 :: Mìnsɔn mi Ɓaomâ 11,19–30

MÀKIŊ: (3) <u>Moyen</u>: sɔsɔ̄ : grand **** (4) <u>Haut-bas</u>: pên : peinture

BUK I SOŋ: Nì tòŋ ɓáŋ ī̀nyùu jàm jɔkījɔ̄, ndi yiha Nyāmbɛ màm nì nsòmbòl, ni ti kì nyɛ màyègà manjèl mɔmasonā i ŋgèdà nì nsɔ̄ɔhe nyɛ nì yèmhè nyɛ. Fìlipì 4,6

1. Ŋgwà Ûm, Njèbà
Mìnsòn ŋwêm mi nnyɔ̄y, nì ŋ̀ɛm wêm; ndi Nyambɛ à yè lìaa li ŋɛm wêm nì ŋgàbà yèm m̀ɓa ni m̀ɓa. Hyèmbi 73,26

Ǹtɛhɛmàm lɛ Yòhanès à ntìla lɛ, Nu à yè m̀pubi, nì nu à yè ɓàŋa ɓaŋgā, nyɛn à ŋkàl i màm mana lɛ, **Mè ńyī minsɔn ŋwɔŋ.** Nŭnkì, mè ǹtee likòga ŋ̀yĭblàgà i mbɔ̀m yôŋ, li mùt nyɛkĭnyē à nlà ɓe yibì, inyŭlē ù gwèe ndèk ŋgùy, ù bitēeda ɓaŋgā yeèm, ù taŋɓa ɓe tɔ jòy jêm. Màsɔ̀ɔ̀là 3,7.8

Mànyɔ̀dì 2,11–25 :: Mìnsɔn mi 'Baomâ 12,1–17

2. Ŋgwà Ŋgeè, Njèbà
Inyŭlē tɔ̀ lakii Yèhovà à kèhi ī ŋgìì, à mɓèŋge ndigi ɓā ɓā ye ɓàsòhga! Ndi à ńyìl ɓoòt ɓa ŋgok nōnɔk. Hyèmbi 138,6

Ŋ̀gwàŋ mût u kâl ŋem wee lɛ, **À ŋ̀ɛm, ù gwèe ŋgàndàk gwɔ̌m ǹteedàgà inyùu ŋgàndàk ŋwii; nɔ̀yɔk, jek, nyɔk, hàgak. Ndi Nyambɛ à kâl nyɛ lɛ, À joŋ mût, wɔ ūnu ū ɓa gasòmblene we ŋ̀ɛm wɔŋ; ndi gwɔ̌m ù bikòòbàgà bi gaɓā gwēn?** Lukàs 12,19–20

Markò 1,40–45 :: Mìnsɔn mi 'Baomâ 12,18–25

3. Ŋgwà Mbɔk, Njèbà
Ŋ̀ɛm mût u ŋkòòba njɛ̂l yeè, ndi Yèhovà nyɛn à ŋēga maɓàl mee. Bìŋgèŋgên 16,9

TOBOTOBO : ɛ : "lait", ɛ́: arbre *** ŋ : "ing", áŋ : lire

Hikìi jàm nì mɓɔ̀ŋ, tɔ̀ nì bìɓàŋga, tɔ̀ i kède mìnsɔn, ɓòŋlana ndīgi mɔ̄ i jòy li Ŋwɛt lɛ Yesù nì tinák kì Nyambɛ Tàta màyègà inyùu jòy jee. Kòlosè 3,17

Màteò 15,29–39 :: Mìnsɔn mi Ɓaomâ 13,1–12

4. Ŋgwà Kɔɔ, Njèbà
Ù yɛ lìsɔlɓɛnɛ jêm nì ɓèn yêm; mɛ̀ mɓōdol ɓaŋgā yɔŋ ŋem. Hyèmbi 119,114

Sòmbòl Tatā ini, lɛ hi mût à ntēhe Man, à hemlègɛ kì nyɛ, a ɓana nìŋ ɓɔgā; ndi mɛ̀ gatùgul nye kēl ì nsōk.
Yòhanès 6,40

Yòhanès 6,37–46 :: Mìnsɔn mi Ɓaomâ 13,13–25

5. Ŋgwà Jôn, Njèbà
À Yehōvà, ɓèŋgɛ kì ndùdù yèm. Lìɓùm li ŋgɔ̄ɔŋa mɛèɛ̀. Ŋem u ńyām mɛèɛ̀, inyŭlē mɛ̀ bindōgɔp ɓeba lindɔgɓàk.
Mìnlend mi Yerèmià 1,20

Mùdàa à kāl lɛ, Lɔ̀na, tɛhna mùt nu à ŋ̀kāl mɛ màm mɔmasonā yaga mɛ̀ biɓɔ̀ŋ. Ɓàa lɛ nyɛn à tà ɓe Krístò ò?
Yòhanès 4,29

Yòhanès 4,5–18 :: Mìnsɔn mi Ɓaomâ 13,26–43

Măn mùt à bilɔ̀ i yēŋ nì tɔhôl ɓànimlaga. Lukàs 19,10

Lukàs 15,1–3.11b–32 :: 1 Tîmòteò 1,12–17 :: Mikà 7,18–20

6. Ŋgwànɔ̀y, Njèbà
Ɓeba mût i nya pāmɓà ndugi ni njèl yeè, ǹteès ɓòt kùu kî nì dìpa cee, a tɛ́mɓ yāk Yèhovà, ŋgɔ à ŋwèhèl, a yaba.
Yèsayà 55,7

Ni ɓa ǹsaŋglàgà nì Nyambê! 2 Kòrintò 5,20

MÀKIŊ: (5) **Bas-Haut:** măn : bébé, fils de **** (6) **Haut-moyen:** ɓáŋ : ne..pas, plus

Njèbà, 6, 1415: Ɓa nnɔl Jan Hus i Constance

7. Ŋgwà Njaŋgumba, Njèbà
Yèhovà à ɓìgda ɓès mu lĩɓaàk jes lìsòhga, inyŭlē lɔŋgɛ yēe ŋem i nnɔ̀m mɓa ni m̀ɓa. Hyèmbi 136,23

Yèmhana ĩnyùù yêm, lɛ ŋgèdà mè ńyìbil nyô, bìɓàŋga bi tina mè i yēlɛèl jìmb li Miŋaŋ Mìnlam ni màkend, jɔn mè yènè ŋ̀kèŋwìn nsāŋ bikèy, lɛ mu nyēn mè podlàk nì màkend kìkìi mè ǹlama pɔt. Èfesò 6,19–20

1 Yòhanès 3,19–24 :: Mìnsɔn mi Ɓaomâ 13,44–52

8. Ŋgwà Ûm, Njèbà
Nyambɛ à nsɔ̀lɔl mâm ma mbâŋ nì màm ma solī. Dànièl 2,22

Yesù à sɔɔhɛ lɛ, **À Tatā Nū à tee sēp, ŋ̀kɔ̀ŋ hisi u yī ɓē wɛè, ndi mè mè yi wè; ɓana kî ɓa biyī lɛ wĕn ù ɔm mè.** Yòhanès 17,25

Lukàs 7,36–50 :: Mìnsɔn mi Ɓaomâ 14,1–7

9. Ŋgwà Ŋgeè, Njèbà
Kìkìi mè biɓèŋgɛ ɓɔ i nùp, nì i sàgàl, nì i kūubà, nì i cē nì i ɓɔ̀ŋ ɓeba, ǹlèlèm halā nyēn mè gaɓèŋgɛ ɓɔ i ɔ̀ŋ nì ɓèl; halā nyēn Yèhovà à ŋkàl. Yèrèmià 31,28

Kàrîs Nyambɛ ì ì nlɔ̀na tɔhi ì m̀mál nɛnɛ inyùu ɓôt ɓɔɓasonā, ì nnīiga ɓes lɛ di ŋwás lìyàn Nyambê, dì nɔ̀ŋ ha ɓáŋ mìńheŋa mi ŋkɔ̀ŋ hisi, ndi di hot mànyùù mes, dì ɓɔ̀ŋɔ̀k màm ma tee sēp, dì sìŋggè kì Nyambɛ mīŋēm i hyày hini hanâno. Titò 2,11–12

Yòhanès 5,1–16 :: Mìnsɔn mi Ɓaomâ 14,8–20a

TOBOTOBO : ɛ : "lait", ɛ́: arbre *** ŋ : "ing", áŋ : lire

Njèbà (07)

10. Ŋgwà Mbɔk, Njèbà
Nì gatēeda matìŋ mêm, nì ɓɔ̀ŋɔ̀k kì mɔ; mĕn mè yè Yèhovà. Lòk Levì 22,31

Iɓālē mùt à ŋgwēs mèɛ, à gatēeda ɓaŋgā yɛèm; Tàta kì à gagwēs nyɛ, dì galɔ̀ i nyēnī, di yēn nì nyɛ. Yòhanès 14,23

Màteò 16,13–19 :: Mînsɔn mi Ɓaomâ 14,20b–28

11. Ŋgwà Kɔɔ, Njèbà
Mè biɓìgda mateâk mɔŋ ma kwâŋ, à Yehōvà, mè bihògɓaha ki mèmède. Hyèmbi 119,52

Dì ńyī lɛ, iɓālē ndap yeēs hana hisī, ì ì yè lap, ì ŋ̀kuubà, wèɛ dì gwēe ŋ̀ɔŋɔk ndap Nyāmbɛ à ǹti ɓes, ì ì ŋ̀ɔŋa ɓe ni mɔ̀ɔ, yɔ̌n ì yè ɓɔ̀ga nyɔɔ̄ ŋgìi. 2 Kɔ̀rintò 5,1

Gàlatìà 3,6–14 :: Mînsɔn mi Ɓaomâ 15,1–21

12. Ŋgwà Jôn, Njèbà
Yèhovà à ŋ̀kàl haana lɛ, Mè bitìmbhɛ wɛ ŋgèdà mè ŋēbna wɛ lɔ̄ŋgɛŋēm; mè bihōla wɛ i kēl tɔ̄hiì. Yèsayà 49,8

Nùnakì, hanânɔ nyɛn à yè ŋgèdà à ŋēba lɔŋgɛ ŋ̄ēm; nùnakì, hanânɔ nyɛn à yè kɛl tɔ̄hiì. 2 Kɔ̀rintò 6,2

Romà 8,1–6 :: Mînsɔn mi Ɓaomâ 15,22–35

Holnana màmbègèè ɓèè ni ɓèè, ha nī nyɛn nì gayōnos mben Krǐstò. Gàlatìà 6,2

Lukàs 6,36–42 :: Romà 12,17–21 :: Bìɓòdlɛ 50,15–21

MÀKIŊ: (5) **Bas-Haut:** mǎn : bébé, fils de **** (6) **Haut-moyen:** ɓāŋ : ne..pas, plus

13. Ŋgwànɔ̂y, Njèbà

Ɲ̀ɛm u ye ū nnyàmnda mɛ īnyùù yɔ̂ŋ, mbuu u ye ī kède yêm u nhùgul mɛ īnyùù yɔ̂ŋ. Yèsayà 26,9

Yesù à nyɔdi ni màyɛ ma kɛl, à kɛ hɔma ŋ̀ɔ̂ŋ, à sɔɔhɛ nyɔɔ̀. Markò 1,35

14. Ŋgwà Njaŋgumba, Njèbà

Ndi ɓanyāmbɛ ɓɔ̄ŋ ɓa ù biùŋghɛnɛ wɛmɛ̀dɛ ɓa ye hɛ̄ɛ? Ɓa tɛlɛp nī, iɓālē ɓa nlà tɔhɔl wɛ ŋgèdà yɔ̌ŋ ndùdù. Yèrèmià 2,28

À ɓagwēhaà, kèna ɓēgeès ɓìsat ŋgwee. 1 Kɔ̀rintò 10,14

Lukàs 5,17–26 :: Mìnsɔn mi Ɓaomâ 15,36–16,5

15. Ŋgwà Ûm, Njèbà

Sàlomò à kál lɛ, **Nǔnkì, ŋgìi yɔ̀mɛ̀dɛ nì ŋgìŋgìi bi nlà ɓe kɔlā weè, ndinà nì ndap ìni mè biɔ̌ŋ!** 1 Bìkiɲɛ 8,27

Ndi ŋgɛŋ ì nlɔ̀, yɔ̀ yaga ìni, ŋgèdà ɓàŋga ɓaɓegês ɓa gaɓēges Tatā i mbūu nì malīga; inyǔlē ndòŋ ìni yɔ̌n Tàta à ɲ́yēŋ i ɓēgeès nyɛ. Yòhànès 4,23

Màteò 18,15–20 :: Mìnsɔn mi Ɓaomâ 16,6–15

16. Ŋgwà Ŋgeè, Njèbà

Iɓālē Yèhovà à ŋɔ̄ŋ ɓe ndap, wèɛ ɓā ɓā ŋɔ̄ŋ yɔɔ̀ ɓa ntùmbɓa yaŋgà. Hyèmbi 127,1

Sɔɔhana yàk nì inyùu ɓɔ̄ɓasonā ɓa nyogi bīyèènɛ bi anɛ̀, lɛ ndi nɔ̀m yes i tagɓègɛ ŋ̀wèɛ nì ǹsàŋ, dì sìŋggɛ̀ Nyambɛ miɲēm, dì èdɛk kì ɓòt i mbɔ̀m. 1 Tìmòteò 2,2

1 Kɔ̀rintò 12,19–26 :: Mìnsɔn mi Ɓaomâ 16,16–24

TOBOTOBO : ɛ : "lait", **Ɛ́**: arbre *** ŋ : "ing", áŋ : lire

17. Ŋgwà Mbɔk, Njèbà

À Yehōvà, mèles mè, ndi mè gamèlhana; tɔhɔl mè, ndi mè gatɔ̄hlana. Yèrèmià 17,14

Ndi lɛ ni yi lē Mǎn mùt à gwèe ŋgùy hana hisī i ŋwèhèl bìɓeba [à kāl ŋǎmbgè mût lɛ], Mè ŋkàl wɛ lē, tɛlep, ɓada nàŋ yɔŋ, kènɛk ī ndāp yɔɔ̀ŋ. Nì nyɛ à hɔɔ tɛlep bisū gwap, à ɓada yɔm à ɓa à nìŋnɛ, à kɛ ndāp yeè, à tinâk Nyambɛ lìpem. Lukàs 5,24–25

Mìnsɔn mi 'Baomâ 4,32–37 :: Mìnsɔn mi 'Baomâ 16,25–40

18. Ŋgwà Kɔɔ, Njèbà

Màcàŋg mes ma ŋgi yii nì ɓès, ndi inyùu bìɓɔ̀ŋol gwes bìɓɛ, dì nnēk ɓe gwɔ. Dì ncàŋgɓenɛ Yehōvà, dì taŋɓàgà nyɛ. Yèsayà 59,12–13

Iɓālē mùt à m̀ɓɔ́ŋ ɓeba, dì gwèe Ǹsoŋôl yak Tàtâ, Yesù Krǐstò nu à tee sēp. 1 Yòhanès 2,1

Fìlipì 2,1–5 :: Fìlipì 1,1–11

19. Ŋgwà Jôn, Njèbà

Ḭ̀em wêm u mɓèm Nyambɛ nyētāma ŋweē; tɔhi yèm i nlòl i nyēnī. Hyèmbi 62,2/62:1

I ye tɔ̄y jaàm li tee sēp ni Nyāmbɛ lē a tiīmbhɛ ɓā ɓā ntī ɓee njiìhà njiihà; nì lɛ ɓèè ɓa nì ŋkòs njiihà, ni kós nɔ̀y lòŋ yada ni ɓès, i ŋgèdà Ŋwèt lɛ Yesù à gasɔ̀ɔ̀la, à lòlàk i ŋgìi lòŋni aŋgèl i lipemba jee. 2 Tèsàlonīkà 1,6–7

Gàlatià 6,1–5 :: Fìlipì 1,12–18a

Inyŭlē inyùu kàrîs nyɛn nì bitɔ̄hlana inyùu hēmlè, ndi halā à nlòl ɓe ni ɓèèɓɔmèdɛ; à yè ndigi lìkèblà li Nyambê. Èfesò 2,8

MÀKIŊ: (5) **Bas-Haut**: mǎn : bébé, fils de **** (6) **Haut-moyen**: ɓáŋ : ne..pas, plus

Lukàs 5,1–11 :: 1 Kɔ̀rintò 1,18–25 :: Bìɓòdlɛ 12,1–4a
Màteò 9,35–10,1–10

20. Ŋgwànɔ̂y, Njèbà
Ndi wè, à Yehōvà, ù yè i kède yês, dì nsèblana ni jòy jɔŋ, ù yek ɓáŋ ɓès. Yèrèmià 14,9

I Àntìokìà nyɛn ɓànigîl ɓa ɓòdol sèblana lɛ ɓòt ɓa Krístò.
Mìnsɔn mi 'Baomâ 11,26

21. Ŋgwà Njaŋgumba, Njèbà
Yèhovà à mpɔ̄t lɛ̄, **Nsàŋ wɔ nì wɔ u ɓa nì mùt à yè nɔnɔk, yàk nì nu à yè ɓèbèè; ndi mè gamèles ɓɔ kɔ̀n.**
Yèsayà 57,19

Nyambɛ à biōmlɛ ɓɔn ɓa Isrăèl ɓàŋga, i āŋaàl à biāŋlɛ ɓɔ Mìŋaŋ Mìnlam mi nsàŋ nì Yesù Krístò [nyɛn à yè Ŋwèt nu ɓɔ̄ɓasonā]. Mìnsɔn mi 'Baomâ 10,36

Yèrèmià 20,7–11 :: Fìlipì 1,18b–26

22. Ŋgwà Ûm, Njèbà
Ìlɔ̀lɛ mè bitēhe ndudù mè biyòm; ndi hanânɔ mè ntēeda ɓaŋgā yɔŋ. Hyèmbi 119,67

Yesù à podos Simòn Petrò: À tímba ki ɓàt nyɛ ŋgèlè ì ǹyonos iɓaà lɛ, À Simòn, mǎn Yòhanès, ɓàa ù ŋgwēs mɛ è? À kǎl nyɛ lɛ, Ŋ̀ŋ̂, à Ŋwɛt, ù ńyī lɛ mè nsìŋge wê. À kǎl nyɛ lɛ, Teedaga mìntomba ŋwêm. Yòhanès 21,16

Èzekièl 2,3–8a :: Fìlipì 1,27–2,4

TOBOTOBO : ɛ : "lait", É: arbre *** ŋ : "ing", áŋ : lire

23. Ŋgwà Ŋgeè, Njèbà
Yèhovà à pamna kì mè hɔma ŋ̀kɛŋi; à sɔ́ŋ mèè, inyŭlē mè bilēmel nyɛ. Hyèmbi 18,20/18:19

Jàm mè yè lěn ìni, mè yènè ndigi jɔ̄ inyùu kàrîs Nyambê. Ndi kàrîs yèè inyùù yêm ì yìla ɓē yaŋgà. 1 Kɔ̀rintò 15,10

Gàlatìà 1,13–24 :: Fìlipì 2,5–11

24. Ŋgwà Mbɔk, Njèbà
À Yehōvà, ɛmblɛ màsɔɔhɛ̀ mêm, u sednɛ kì ǹlɔndɔk wêm o; ù mɔm ɓáŋ ŋwèè inyùu gwĩhà gwêm. Hyèmbi 39,13/39:12

Mùdàà wadā, m̀bɔ̄ŋɓeba, à tɛlɛp i mbūs màkòò ma Yesù, à èèk, à ɓodōl yoôs makòò mee ni gwĩhà gwee, à tɔ́s ki mɔ̄ nì còŋ di ŋɔ wee, à sɔs nyɛ màkòò, à hɔɔ mɔ làɓindɛ̀. Nì Yesù à kā̄l mudàà lɛ, Hemlɛ̀ yɔŋ i ntɔhɔl wê; kɛnɛk nì ǹsàŋ. Lukàs 7,38.50

Mìnsɔn mi Ɓaomâ 15,4–12 :: Fìlipì 2,12–18

25. Ŋgwà Kɔɔ, Njèbà
À Nyambê, dì binɔ̄k ni mào mes, ɓàtàta ɓēs ɓa biāŋlɛ ɓes, kinjē mìnsɔn ù gwĕl dīlɔ̄ cap, dilɔ̄ di kwaàŋ yaga. Hyèmbi 44,2

Ŋgèdà ì gayĭk lɔ lē ɓa ganīhbɛ ha ɓe maeba ma maliga, ndi lakìi mào ma nnyāŋ ɓɔ, wèè ɓa gakòndɛ yaga ɓàlêt kòndè nì kòndè kìkìi ŋgŏŋ ì ŋkɔ̀n ɓɔ. 2 Tìmòteò 4,3

Romà 9,14–26 :: Fìlipì 2,19–30

MÀKIŊ: (5) **Bas-Haut**: măn : bébé, fils de **** (6) **Haut-moyen**: ɓáŋ : ne..pas, plus

26. Ŋgwà Jôn, Njèbà

Yèhovà à ŋkàl lɛ, Mè ganōgos ɓee kĭŋgèdà màtam ma biɓòŋol binân. Yèrèmià 21,14

Ŋwèt weē à kâl nyɛ lɛ, Ǹ̀ŋ, à lɔŋgɛ ŋkɔ̀l u ɓonyoni, ù ɓak ni ɓōnyoni inyùu ndèk mâm, mè gatēe wɛ ī ŋgìi ŋgàndàk mâm; jŏp māsēe ma ŋwɛt wɔɔŋ. Màteò 25,21

2 Kɔ̀rintò 12,1–10 :: Fìlipì 3,1–11

Hanânɔ ni, à Yakòb, Yèhovà nu à hĕk wè, nì nu à ùŋgus wè, à Isrǎèl, à ŋkàl haana lɛ, Ù kɔ̀n ɓâŋ wɔ̀ŋi, inyŭlē mè m̀mâl kɔɓɔ̄l weɛ̀, Mè m̀mâl sebēl weɛ̀, mè tobôk jòy jɔŋ, Ù yè wèm. Yèsayà 43,1

Màteò 28,16–20 :: Romà 6,3–11 :: Yèsayà 43,1–7 :: 1 Petrò 2,2–10

27. Ŋgwànɔ̀y, Njèbà

Yèhovà à gatī ɓoòt ɓee ŋgùy. Hyèmbi 29,11

Nyambɛ à bitī ɓe ɓes mbūu nyɔya, ndigi ū lipemba, nì u gwehâ, nì u hodnyuu. 2 Tìmòteò 1,7

28. Ŋgwà Njaŋgumba, Njèbà

Ù tobok ɓâŋ jòy li Yehōvà Nyambɛ wɔ̀ŋ yaŋgà, inyŭlē Yèhovà à ŋŋwàs ɓe mût à ntōp joy jee yàŋgà, lɛ nogôs i sɛ́t nyē. Mànyɔ̀dì 20,7

À Tatā wès nu ù yè i ŋgìi, jòy jɔŋ li pubhana. Màteò 6,9

Mànyɔ̀dì 14,15–22 :: Fìlipì 3,12–16

TOBOTOBO : ɛ : "lait", ɛ́: arbre *** ŋ : "ing", áŋ : lire

29. Ŋgwà Ûm, Njèbà

Ɓedhana, à Yehōvà, i kède ŋgùy yɔ̀ŋ! Halā nyēn dì gatūbul lipemba jɔŋ hyèmbi, di ɓeges kì jɔ.
Hyèmbi 21,14/21:13

Kìi à ŋkóɠɛ ɓɛbèè nì Yèrusàlèm, masòhòk ma hikòa Olīvè, lìmùt li ɓanigîl jɔlisonā li kahal sēe, li ɓeges

Nyambɛ nì kiŋ kēŋi inyùu mìmpemba mi mâm ŋwɔminsonā ɓa tēhɛ. Lukàs 19,37

Bìɓòdlɛ 32,23–33 :: Fìlipì 3,17–21

30. Ŋgwà Ŋgeè, Njèbà

Teeda màtìŋ mêm, u nîŋ; teeda kì bìniigana gwêm kìkìi hìtee hyɔŋ hi jis. Bìŋgèŋgên 7,2

Màànge wānda a kâl Yesù lɛ, Mè bitēeda màm mana mɔmasonā iɓòdòl mè màànge wānda; ki i ŋgi yiī mè? Màteò 19,20

Mìnsɔn mi Ɓaomâ 16,23–34 :: Fìlipì 4,1–9

31. Ŋgwà Mbɔk, Njèbà

Kìkìi ŋgìi ì yè mɓɛdêk i ŋgìì, hàà nì hìsi, halā kì nyɛn ɓōnyoni yee i ye kēŋi inyùu ɓā ɓā ŋkɔ̀n nyɛ wɔ̀ŋi.
Hyèmbi 103,11

Ndi i hĕt ɓēba i tŏl, ha nyēn kàrîs ì yămb ǹyàmbâk, lɛ ndi, lakìi ɓēba i biànɛ i kède nyèmb, la nyēn yàk kàrîs ì ŋànɛ inyùu tēlɛèbsep i ti nìŋ ɓɔgā inyùu Yēsù Krīstò Ŋwèt wês. Romà 5,20–21

Màteò 18,1–6 :: Fìlipì 4,10–23

MÀKIŊ: (5) **Bas-Haut**: mǎn : bébé, fils de **** (6) **Haut-moyen**: ɓáŋ : ne..pas, plus

BUK I SOŋ: Mè bikòs hola nì Nyambê, mè tee lētèè nì lɛ̌n ìni, mè ɓòglàk ɓatīdigi nì ɓakēŋi mbògi. Mìnsɔn mi 'Baomâ 26,22

1. ŋgwà Kɔɔ, Hìkaŋ
Hànduk wê, à Yehōvà, Nyambɛ wěs? Jɔn dì gaɓōdol wɛ ŋem, inyŭlē wěn ù biɓɔ̀ŋ mmàm mana mɔmasonā. Yèrèmià 14,22

Nyambɛ à bitī ɓes nìŋ ɓɔgā, ndi nìŋ ini i ye ī kède Màn weè. 1 Yòhanès 5,11

1 Yòhanès 5,6–10 :: Mìnsɔn mi 'Baomâ 17,1–15

2. ŋgwà Jôn, Hìkaŋ
Mùt à tubul ɓáŋ mǎsāŋ hipa i kède ŋem wee i ɓɔ̀ŋ nyɛ ɓēba. Sàkàrià 7,10

Ndi mè nsōk kaāl lɛ, ɓeè ɓɔɓasonā nì ɓangà màhɔŋôl mada, nì tòŋnàgà, nì gwehnàgà kìkìi lìsaŋ li ɓôt, nì lɔŋgɛ ŋēm, yàk nì tɛlêbsep. 1 Petrò 3,8

Màsɔ̀ɔ̀là 3,1–6 :: Mìnsɔn mi 'Baomâ 17,16–34

Jɔ ni jɔn nì tà ha ɓe ɓakèn nì bìyɔyɔ̀, ndi nì yè tìtìs ɓɔn ɓa ŋem ŋkɔ̀ŋ lòŋ yada nì ɓàpubhaga, ɓòt ɓa lihàà li Nyambɛ yāga. Èfesò 2,19

Yòhanès 6,1–15 :: Mìnsɔn mi 'Baomâ 2,41–47 :: Mànyɔ̀dì 16,2–3.11–18 :: Yòhanès 6,30–35

3. ŋgwànɔ̀y, Hìkaŋ
Yèhovà à ŋkàl lɛ, Mè gatī wɛ màeba, mɛ niiga kì wɛ njěl ù ǹlama kîl. Hyèmbi 32,8

TOBOTOBO : ɔ : "fort", ɔ́ŋ: construire *** e : "thé", èt : peser le poids

Yesù à ŋkàl lɛ, Wɛ̀ nɔ̀ŋɔk mɛ̀! Yòhanès 21,22

4. Ŋgwà Njaŋgumba, Hìkaŋ
Yèhovà à yè Nyambɛ nū mbàgi sēp. Ba ɓā mɓōdol nyɛ ŋ̀em, ɓɔɓasonā ɓa ye ɓɔ̀kimàsɔda. Yèsayà 30,18

Iɓālē wàda i kède nàn à nhāŋ ni pèk, wèè a yagāl yɔ̀ Nyambɛ nū à ŋkèbel ɓôt ɓɔɓasonā iɓaɓe yàhàl ɓɔ, ndi à gakɔ̌s. Yàkobò 1,5

Yòhanès 6,47–51 :: Mìnsɔn mi Ɓaomâ 18,1–22

5. Ŋgwà Ûm, Hìkaŋ
Yèhovà à kāl Mosè lɛ, Ù gapɔ̄t maàm mɔmasonā mè mɓēhɛ weè. Mànyɔ̀dì 7,1.2

Aŋal ɓàŋga i Nyambê; lìgip yāga ŋgèdà ì kòli tɔ̀ ŋgèdà ì kòli ɓēe, ù yɔɔyàk, ù kondôk, ù ɓehgè nì wɔŋgut yɔsonā, nì màeba. 2 Tìmòteò 4,2

Màteò 22,1–14 :: Mìnsɔn mi Ɓaomâ 18,23–19,7

6. Ŋgwà Ŋgeè, Hìkaŋ
Mè gatūbul Yehōvà hyèmbi, inyŭlē à ǹyamāl ɓaŋgā lìyàmlàk. Mànyɔ̀dì 15,1

Mè gasɔɔhɛnɛ mbūu, ndi mè gasɔɔhɛnɛ ki māhɔ̄ŋɔ̀ɔ̀l. Mè gatūbul cembi mbūu, ndi mè gatūbul ki māhɔ̄ŋɔ̀ɔ̀l. 1 Kòrintò 14,15

Mìnsɔn mi Ɓaomâ 10,21–36 :: Mìnsɔn mi Ɓaomâ 19,8–22

7. Ŋgwà Mbɔk, Hìkaŋ
Nì ɓe hɔŋôl i ɓāna ŋgàndàk, ndi nùnakì, nì ŋ̀kɔ́s ndik ndèk. Ndi kìi nì bipāmna yɔ mbāy, nì mè mè hem yô. Inyŭkī? Halā nyēn Yèhovà nu mìntoŋ à mpɔ̄t. Ndik

---

MÀKIŊ: (6) **Haut-moyen:** ɓáŋ : ne..pas, plus * (7) **Moyen-bas:** Wàda nán: l'un d'entre vous ìnyŭlē ndap yeèm ìni ì yè ǹyùgâk, ndi ki ɓeè, hi mût à nsòŋa nyuu inyùu ndāp yeè. Haggai 1,9

Yesù à kâl lɛ, Ŋgɔɔ nì ɓeè, à Farīsày! Inyŭlē nì ntī yɔm yada i kède hī jom kìi ɓɔ̀ kinjĭŋkēmbɛè, ɓɔ̀ hìtègà, ɓɔ̀ hi kay, nì ǹŋwàhàk mbàgi sēp nì gweha Nyāmbɛè; nì ɓe lama ɓɔ̀ŋ mâm mana iɓaɓe ŋwàs maa mapɛ. Lukàs 11,42

1 Kɔ̀rintò 10,16.17 :: Mînsɔn mi Ɓaomâ 19,23–40

8. Ŋgwà Kɔɔ, Hìkaŋ
Mè bikàl lɛ, Mè gayīhe inyùu mànjèl mêm, lɛ mè ɓɔ̀ŋ ɓáŋ ɓēba ni hìlemb hyêm. Hyèmbi 39,2/39:1

Mu nyɔ̀ u wāda nyen bìɓegês bi mpēmeèl, nì ndìihè. À lôgtatà, màm mana ma nlama ɓe ɓa halà. Yàkobò 3,10

Lukàs 22,14–20 :: Mînsɔn mi Ɓaomâ 20,1–16

9. Ŋgwà Jôn, Hìkaŋ
Hèana ɓàkèn ɓa ɓanyambɛ ɓā ye ī kède nàn, ni hyam kì mìŋem minân yak Yèhovà. Yosùà 24,23

Paul à ŋkàl lɛ, **Mè bisɔ̀mɔl ɓe mɛ ī āŋlɛ ɓeè jâm jɔkĭjɔ̄ li nhōlaà, nì niigà ɓeè mɓàmba, nì mandāp màndap, mè ɓòglàk Lòk Yudà nì ɓòt ɓa Grĭkìà mbògi inyùu hyèlŋem i pès Nyambê nì hemlè inyùu Ŋwèt wɛ́s Yesù Krĭ̆stò.** Mînsɔn mi Ɓaomâ 20,20.21

Màsɔ̀ɔ̀là 19,4–9 :: Mînsɔn mi Ɓaomâ 20,17–38

Hyomgana nī kìkìi ɓɔ̀n ɓa mapubi, inyŭlē lìtam li Mbuu li nnēnnɛ i kède lɔ̄ŋge yɔ̄sonā nì tɛlêbsep nì màliga. Èfesò 5,8b.9

Màteò 5,13–16 :: Èfesò 5,8b–14 :: Yèsayà 2,1–5

TOBOTOBO : ɔ : "fort", ɔ́ŋ: construire *** e : "thé", èt : peser le poids

10. Ŋgwànɔ̂y, Hìkaŋ
Yèhovà a sayāp wè, a teeda wè. Ŋaŋga Ɓôt 6,24

Nùnakì, mè yè nì ɓèe dìlɔ cɔdisonā ì pam līsūk li hisi.
Màteò 28,20

11. Ŋgwà Njaŋgumba, Hìkaŋ
Tɔ̀njɛɛ à galōndol Yehōvà à gapēy. Yoèl 3,5

Yesù à kâl ɓɔ lɛ, **Nì yihgè lɛ mùt à yùmus ɓáŋ ɓèè; inyŭlē ŋgàndàk ì galɔ̀ i jòy jêm, i kâl lɛ, Mè yè nyɛ; nì lɛ Ŋgèdà ì gwèe nì mɔ̀ɔ̀; nì nɔ̀ŋɔk ɓáŋ ɓɔ̄!** Lukàs 21,8

Màteò 7,7-12 :: Mìnsɔn mi Ɓaomâ 21,1-14

12. Ŋgwà Ûm, Hìkaŋ
Yèhovà a nîŋ! Lìaa jêm li ɓa ǹsǎyɓàk! Hyèmbi 18,47/18:46

Yesù à kâl ɓɔ lɛ, Halā nyēn i ye ǹtǐlɓàgà nì lana lɛ Krǐstò à ǹlama sɔn njɔnɔk, a tugē kì i kède ɓàwɔga kɛl ì ǹyonos iaâ. Lukàs 24,46

Màteò 5,33-37 :: Mìnsɔn mi Ɓaomâ 21,15-26

13. Ŋgwà Ŋgeè, Hìkaŋ
Màliga mee ma ye ɓèn tidigi nì i kēŋi. Hyèmbi 91,4

Nu à mɓɔ̀ŋ maliga à mpām mapūbi, lɛ mìnsɔn ŋwee mi nɛnɛ, lɛ à mɓɔ̀ŋ ŋwɔ nì Nyambê. Yòhanès 3,21

Bìngèŋgên 8,12-21 :: Mìnsɔn mi Ɓaomâ 21,27-40

Hìkaŋ 13, 1727: Ŋgànd Jɛ Tatà i kède Ndāp Nyāmbɛ ì Berthelsdorf; Mbuu Nyambɛ à āt ɓoòt ɓa Herrnhut ndi "Brüdergemeine" ì gweê.

MÀKIŊ: (6) Haut-moyen: ɓáŋ : ne..pas, plus * (7) Moyen-bas: Wàda nǎn: l'un d'entre vous

14. Ŋgwà Mbɔk, Hìkaŋ

Yèhovà à kā̂l lɛ, Mɛ̀ m̀mā̂l ŋwehēl kĭŋgèdà ɓàŋga yɔŋ.
Ɲ̀aŋga Ɓôt 14,20

Tɔ̀ ìmbɛ ŋgedà nì tee ī sɔ̄ɔhè, iɓālē nì gwèènɛ mùt jàm, ŋwèhlana nyē̄; lɛ ndi yàk Ìsɔŋ nân nu à yè i ŋgìì a ŋwehēl ɓèè mahòhà manân. Markò 11,25

1 Kòrintò 12,27–13,3 :: Mìnsɔn mi Ɓaomâ 22,1–22

15. Ŋgwà Kɔɔ, Hìkaŋ

Halā nyē̄n mɛ̀ gatī wɛ lìpem ntɛl mɛ̀ yìi ī nɔ̀m; mɛ̀ gapà mɔɔ mêm i jòy jɔŋ. Hyèmbi 63,5/63:4

Ɓòt ɓɔɓasonā ɓa tɛhɛ nyɛ à nhyōm, à ɓeghàk Nyambê.
Mìnsɔn mi Ɓaomâ 3,9

Èfesò 4,25–32 :: Mìnsɔn mi Ɓaomâ 22,23–30

16. Ŋgwà Jôn, Hìkaŋ

Iɓālē ù mɓɔ̀ŋ lɔŋgê, ɓàà su wɔŋ u gasāŋgla ɓe ɛ? Ndi iɓālē ù mɓɔ̀ŋ ɓe lɔŋgê, wèɛ ɓeɓa i nsɔ̀m i ŋwèmɛl; i gasòmbol wê, ndi wè, ànɛ yɔ̄. Bìɓòdlɛ 4,7

Hanyē̄n Yūdà, nu à liibana nyē̄, à tɛhɛ ɓǎŋ lē à ŋ̀kôs mbagī nōgoòs, à tam, à timɓīs mom maâ ma bipès bi silɓà yak bìprìsì bìkeŋi nì mìmaŋ mi ɓôt, À kā̂l lɛ, Mɛ̀ m̀ɓɔ̄ŋ ɓeba, halā kìi mɛ̀ ǹliibana macèl ma ŋgînsɔ̀hi.
Màteò 27,3–4

Fìlipì 2,13–18 :: Mìnsɔn mi Ɓaomâ 23,1–11

Tɔ̀njɛɛ i ntina ŋgandàk nyen i gaɓèda ŋgandàk. Tɔ̀njɛɛ ɓa nidīs ŋgandàk nyen ɓa galòòha ɓât. Lukàs 12,48b

Màteò 13,44–46 :: Fìlipì 3,4b–14 :: Yèrèmià 1,4–10

TOBOTOBO : **ɔ** : "fort", **ɔ́ŋ**: construire *** **e** : "thé", **èt** : peser le poids

17. Ŋgwànɔ̂y, Hìkaŋ

Dìlɔ di ŋwii ŋwes di ye mòm masâmbɔk ma ŋwii, tɔ̀ mŏm jwèm ma ŋwii inyùu ŋgùy; ndi bìyat gwap bi ye ndɪ̆k ndùmbɓà nì ndùdù; halā à nhɔ̄ɔ tagɓè, di mpùùè kì. Hyèmbi 90,10

Mè nsòmbol yi Ktɪ́stò, nì lìpemba li litùgè jee. Fìlipì 3,10

18. Ŋgwà Njaŋgumba, Hìkaŋ

Aŋlana bìɓòŋol gwee bilɔ̀ŋ ni bilɔ̀ŋ. Bìgdana ɓɔ̄ lɛ, jòy jee li nyogi. Yèsayà 12,4

Jɔn kènana, yìlhana bìlɔ̀ŋ gwɔbisonā ɓanigîl, nì sòblègè ɓɔ i jòy li Tatà, nì li Man, nì li Mbuu Ṁpubi; nì niigàgà ɓɔ i tēedà màm mɔmasonā mè bikàl ɓee. Màteò 28,19–20

Lukàs 16,10–13 :: Mìnsɔn mi Baomâ 23,12–35

19. Ŋgwà Ûm, Hìkaŋ

Ŋgìi yɔ̀sonā ì gacàma wěŋgɔ̀ŋlɛ hìdà; hìsi hi gaŭn wěŋgɔ̀ŋlɛ mbɔt, ɓòt ɓa yíne mù ɓa gawɔ̄ kìkìi dìɓuŋg. Ndi tɔhi yɛ̀m i ganɔ̀m mɓa ni mɓa; tɛlêbsep yêm i gakwɔ̀ ɓe côs. Yèsayà 51,6

Ndi kel màm ma yoni ma galɔ̀ɔ, wèɛ màm dì lògok yi ma gamàlɓa. 1 Kɔ̀rintò 13,10

1 Bìkiɲe 3,16–28 :: Mìnsɔn mi Baomâ 24,1–21

20. Ŋgwà Ŋgeè, Hìkaŋ

Gwàŋgà bi ɓôt bi ye ndīgi ǹhebek, yàk ɓàŋga ɓôt i ye ndīgi bìtɛmbɛɛ; likɔ̀bɔ̀, èt wap ɓɔɓasonā u mpām ɓe kìi ǹhebek. Hyèmbi 62,10/62:9

MÀKIŊ: (6) **Haut-moyen:** ɓâŋ : ne..pas, plus * (7) **Moyen-bas:** Wàda nā̀n: l'un d'entre vous

Kòhlana ɓèèɓɔmɛ̀dɛ màsòò ma ŋkùs i ŋgìì, hɔma ɓìt i njē ɓēe tɔ̀ maŋglêt, tɔ̀ ɓòt ɓa wip ɓa mɓōk ɓe ndap lɛ ɓa nip.

Inyŭlē hɔ̀ma lìsòò jɔŋ li ŋkùs li yenè, ha kì nyen yàk ŋ̀em wɔŋ u mɓānɛɛ̀. Màteò 6,20-21

1 Kɔ̀rintò 10,23-31 :: Mìnsɔn mi Ɓaomâ 24,22-27

21. Ŋgwà Mbɔk, Hìkaŋ
Nyambɛ à ŋkàl lɛ, Lòŋnì ɓììɓè i su wɔŋ nyen ù gaɓā ù njēl kɔgā lɛtɛ̀ɛ̀ ù têmb bitèk, inyŭlē ù biyòŋa mû; inyŭlē ù yè ǹluŋ têk, ù gatèmb ki ī nlūŋ teèk. Bìɓòdlɛ 3,19

Inyŭlē mùt à nsēlel minsòn ŋwee nyɛmɛ̀dɛ, mu mīnsòn nyen à gaɓùmblɛ cìɓâ; ndi nu à nsēlel Mbuu, mu Mɓūu nyen à gaɓùmblɛ nîŋ ɓɔgā. Gàlatìà 6,8

1 Tìmɔ̀teò 4,6-16 :: Mìnsɔn mi Ɓaomâ 25,1-12

Hìkaŋ 21, 1732: Oma ū ɓakàlŋgàn ɓa bisu ɓa lolàk i Herrnhut

22. Ŋgwà Kɔɔ, Hìkaŋ
Yòŋa nī yihe inyùu màm nì mɓɔ̀ŋ, inyŭlē lìɓɔ̀ŋɔ̀k lìɓɛ li ta ɓē ni Yèhovà Nyambɛ wès, à ntɔ̄dɔl ɓe ki tɔ̀ ɓòt, tɔ̀ yɔ̀ŋ bitèk. 2 Mìŋaŋ 19,7

Wàna yāga maàm ma nlēmel Ŋwɛt. Èfesò 5,10

Yèrèmià 1,11-19 :: Mìnsɔn mi Ɓaomâ 25,13-27

23. Ŋgwà Jôn, Hìkaŋ
Ù ɓa pegès mè nì bìɓeba gwɔŋ, ù weehàk kì mè nì bìɓòŋol gwɔŋ bìɓɛ. Ndik mè nyen mè nsàs macàŋg mɔŋ inyùu lìpem jêm mèmèdɛ ndi mè gaɓìgda ha ɓe mɛ bìɓeba gwɔŋ. Yèsayà 43,24-25

TOBOTOBO : ɔ : "fort", ɔ́ŋ: construire *** e : "thé", èt : peser le poids

Yesù à tímbhɛ ɓɔ lɛ, Tàta à ŋgwèl nsɔn lɛtèɛ̀ nì hanânɔ, yàk mɛ̀ mè ŋgwèl. Yòhanès 5,17

Lukàs 12,42–48 :: Mìnsɔn mi Ɓaomâ 26,1–23

Lɛ̀ŋ i Nyāmbɛ wăp à yē Yèhovà i ye kīmàsɔda! Ɓòt à tɛp kìi ŋgàbàɓum yeē yɔ̀mèdɛ! Hyèmbi 33,12

Markò 12,28–34 :: Romà 11,25–32 :: Mànyɔ̀dì 19,1–6

24. Ŋgwànɔ̂y, Hìkaŋ
Halā kì nyɛn ɓès ɓôt ɓɔŋ nì mìntomba mi ɓembā yɔŋ, dì gatī wɛ màyègà m̀ba ni m̀ba; dì ga-āŋle caày cɔdisonā biɓegês gwɔŋ. Hyèmbi 79,13

Yesù à mpōt lɛ, **Mɛ̌n mɛ̀ yē lɔŋgɛ n̄teedà mìntomba; mè ńyī mintomba ŋwèèm, mìntomba ŋwêm kì mi ńyī mɛɛ̀.** Yòhanès 10,14

25. Ŋgwà Njaŋgumba, Hìkaŋ
Iɓālē ù ganōgol kiŋ Yèhovà Nyambɛ wɔ̀ŋ. Ù gaɓā nsăyɓàk ŋkɔ̀ŋ; ù gaɓā ki ǹsăyɓàk i wɔ̌m.
Ndììmbà Mben 28,2–3

Nì ńyàgàl, ndi nì ŋkòs ɓee, inyǔlē nì ńyàgal mâm nì ŋgŏŋ ɓē lɛ ni obōs mɔ̄ i kède màsee manân. Yàkobò 4,3

Romà 11,1–12 :: Mìnsɔn mi Ɓaomâ 26,24–32

26. Ŋgwà Ûm, Hìkaŋ
Yèhovà à yē n̄teedà wɔ̀ŋ; Yèhovà à yē yìe yɔ̄ŋ i wɔ̀ɔ̀ wɔɔŋ waalōm. Hyèmbi 121,5–6

Kàrís ì nlòl ni Nyāmbɛ Tàta wès, nì Ŋwèt lɛ Yesù Krĭstò i ɓa nì ɓèe, nì ǹsàŋ. Fìlemòn 3

Yèsayà 51,1–7 :: Mìnsɔn mi Ɓaomâ 27,1–12

MÀKIŊ: (6) **Haut-moyen:** ɓáŋ : ne..pas, plus * (7) **Moyen-bas:** Wàda nāṇ: l'un d'entre vous

27. Ŋgwà Ŋgeè, Hìkaŋ
Nu Yèhōvà à ŋgwēs, nyɛn à ŋkōnd, kìkìi ìsaŋ inyùu màn nu à ŋkònha nyɛ màsee. Bìŋgèŋgên 3,12

Ìsaŋ a kâl maān nu māŋ lɛ, Dì lamga yaā haàk, nì see; inyŭlē mànyŭŋ nunu à biwɔ̄, ndi à ǹtêmb nìŋ; à binīmiìl, ndi à ǹnɛnê. Lukàs 15,32

Yòhanès 4,19–26 :: Mìnsɔn mi 'Baomâ 27,13–26

28. Ŋgwà Mbɔk, Hìkaŋ
Ù gaɓā ntut u lipem i wɔ̀ɔ u Yehōvà, yàk nì njùm kôt ì podol mbɔk i wɔ̀ɔ u Nyambɛ wɔ̀ŋ. Yèsayà 62,3

Yesù à kâl lɛ, **I ŋgèdà ù ǹsêblànà, kè yĕn yèènɛ i nsōk, lɛ ŋgèdà nu à ǹsebēl wɛ à ǹlɔ̄, a kâl wè lɛ, À ŋgwa yèm, ɓɛt nyɔ̀nɔ; halā nyēn ù gaɓāna lipem bisū bi ɓoòt ɓɔɓasonā ɓa yiī nì wè i jē.** Lukàs 14,10

Romà 11,13–24 :: Mìnsɔn mi 'Baomâ 27,27–44

29. Ŋgwà Kɔɔ, Hìkaŋ
À Yehōvà nu mìntoŋ, wètama nyɛn ù yè Nyambɛ īnyùu biànɛ̀ bi ŋkɔ̀ŋ hisi gwɔbisonā. Wĕn ù hĕk ŋgiì nì hìsi. Yèsayà 37,16

'Bàŋga i hĕk màm mɔmasonā; jàm jɔkĭjɔ̄ li hèga ɓē iɓaɓe ɓaŋgā. Yòhanès 1,3

Èfesò 2,11–18 :: Mìnsɔn mi 'Baomâ 28,1–16

30. Ŋgwà Jôn, Hìkaŋ
À Ŋwet, ù gaɓɔ̀ŋ me lē me mboop. Ù gakòndɛ niŋīs meè. Yèsayà 38,16

TOBOTOBO : **ɔ** : "fort", **ɔ́ŋ**: construire *** **e** : "thé", **èt** : peser le poids

Ndi i ɓā lāna lɛ ìsaŋ Pūblìùs à ɓa à nìŋi, à kɔ̀nɔ̀k lìhɛp nì mbàhàl màcèl; nì Paul à jóp nyēnī, à sɔɔhè, à kehī nyɛ mɔɔ, à melēs nyɛ. Mìnsɔn mi Ɓaomâ 28,8

Ndììmbà Mben 4,27–40 :: Mìnsɔn mi Ɓaomâ 28,17–31

Nyambɛ à ŋkɔ̀lɓa ɓôt ɓa nhùmbul nyuu, ndi à ntī ɓa ɓā nsùhus nyuu kàrîs. 1 Petrò 5,5b

Lukàs 18,9–14 :: Èfesò 2,4–10 :: 2 Sàmuèl 12,1–10.13–15a :: Hiòb 23

31. Ŋgwànôy, Hìkaŋ
Ɓɔɓasonā ɓa nsɔ̀lɓɛnɛ i nyēnī ɓa ye ɓɔ̀kimàsɔda.
Hyèmbi 2,12

I Krīstò Yesù nyɛn dì gwèènɛ màkend, dì njòp ki ī nyēnī nì ɓaŋga mbìdè inyùu hēmlè dì nhēmlɛ nyɛ. Èfesò 3,12

+ +
Dictionnaire Multilingue disponible gratuitement en ligne
www.webonary.org/basaa
+ +

MÀKIŊ: (6) **Haut-moyen:** ɓāŋ : ne..pas, plus * (7) **Moyen-bas:** Wàda nâ̄n: l'un d'entre vous

BUK I SOŊ: Nyambɛ à yè ɓès lisɔlɓɛnɛ nì ŋgùy.
Hyèmbi 46,2/46:1

1. Ŋgwà Njaŋgumba, Dìpɔs
Tèŋɓana nì Yèhovà Nyambɛ nàn, kìkìi nì biɓɔŋ lɛtèè nì lɛ̌n ìni. Yosùà 23,8

Dì ŋwàs ɓáŋ lìkɔda jes li mitìn, kìkìi lēm ɓahɔgi, ndi di ɓehnaga ɓès ni ɓès, lɔŋgɛ lɔ̄ŋgɛ yāga kìi lakìi nì ntēhɛ lɛ ŋgwà u ū ŋkòògɛ ɓɛɓèè. Lòk Hebèr 10,25

Màteò 23,1–12 :: Ŋ̀aŋga Bôt 6,22–27

2. Ŋgwà Ûm, Dìpɔs
À Ŋwet lɛ Yèhovà, mè ǹjɛɛ, ndap yêm kì kii, lɛ ù lamga pamna mɛ nyà tɛl ìni? 2 Sàmuèl 7,18

Ndi Lidìà à sòblana ɓáŋ, nyɛ nì ndap yeè, à sɔɔhɛ ɓes, à kāl lɛ, Iɓālē nì ntēhɛ lɛ mè nhēmlɛ Ŋwet, jòba ndāp yɛèm ni yɛ́n mù. Mìnsɔn mi Baomâ 16,15

1 Sàmuèl 17,38–51 :: Ŋ̀aŋga Bôt 9,15–23

3. Ŋgwà Ŋgeè, Dìpɔs
Mè gati ɓee ŋ̀em yɔndɔ, mɛ ha kì mbuu yɔndɔ i kède nân. Ndi mè gahèa ŋem ŋgôk u ye ī kède mìnsòn minân nì ti ɓèè ŋem minsòn. Èzekìèl 36,26

Gweha ɓàɔ̀ɔ̀ ɓanân, sɔɔhana kì inyùu ɓòt ɓa mɓòmol ɓee nì ɓa ɓā ntèèŋga ɓee, lɛ ni ɓa ɓôn ɓa Isɔ̄ŋ nân nu à yè i ŋgìì. Màteò 5,44–45

Yòhanès 8,3–11 :: Ŋ̀aŋga Bôt 10,11–36

TOBOTOBO : **e** : "thé", **èt** : peser le poids *** **u** : "tout", **ù**ɓè : tremper

Dìpɔ̀s (09)

4. Ŋgwà Mbɔk, Dìpɔ̀s

Lèdhana nì Nyambɛ, nì nu ŋgùy yɔ̀sonā kiì, nu à gasàyap wê. Bìɓòdlɛ 49,25

Făŋglìùm hi ye lìpemba li Nyambɛ ı̄nyùu tɔ̄hi i hikiì mùt à nhēmlè. Romà 1,16

1 Petrò 5,1–5 :: Ñ̀aŋga Ɓôt 11,1–23

5. Ŋgwà Kɔɔ, Dìpɔ̀s

Ù hèa yaga ɓáŋ kì tɔ̀ ɓàŋga i maliga i nyɔ̀ wêm. Hyèmbi 119,43

Ɓɔ ki ɓɔ̄n ɓa lūga màliga ma Nyambɛ nì bìtɛmbɛɛ, ɓa sîŋggè kì bìhègel mińēm, ɓa lomblàk gwɔ i ŋɔ̄ Nhèk, nu à yè ǹsăyɓàk i ɓɔ̀ga ni ɓɔ̀ga. Romà 1,25

Lukàs 22,54–62 :: Ñ̀aŋga Ɓôt 11,24–35

6. Ŋgwà Jôn, Dìpɔ̀s

Nyambɛ à ŋkàl lɛ, Mè gayìla wěŋgɔ̀ŋlɛ mànɔn inyùu Ĩsrăèl. À gahā sɛèm wěŋgɔ̀ŋlɛ làlàŋ. Hòseà 14,6

Yesù à ŋkàl lɛ, Jɔn nì tòŋ ɓáŋ, nì kàl lɛ, Dì gajē kii? Tɔ̀lɛ, Dì ganyɔ̄ kii? Tɔ̀lɛ, Dì gahāba kii? Ŋgɔ Ìsɔŋ nǎn nu à yè i ŋgiì à ńyī lɛ gwɔ̀m bini gwɔbisonā bi nsòmblana inyùu nǎn. Màteò 6,31.32

Markò 7,24–30 :: Ñ̀aŋga Ɓôt 12,1–16

À gaɓōk ɓe mɓehâk lindɔmbɔɔ; à galēm ɓe tɔ ǹsìŋgà u nlɔ̄ŋ limha. Yèsayà 42,3a

Markò 7,31–37 :: Mìnsɔn mi Ɓaomâ 9,1–20 :: Yèsayà 29,17–24 :: Mìnsɔn mi Ɓaomâ 3,1–10

MÀKIŊ: (1) **Haut**: kop/kóp : poule, verser **** (2) **Bas**: nòl/nɔ̀l : rire

7. Ŋgwànɔ̂y, Dìpɔ̀s

Mè gatī Yehōvà màyègà màkeŋi ni nyɔ̀ wêm; ŋ̄ŋ̀, mè gaɓēges nyɛ i kède lìmùt li ɓôt. Hyèmbi 109,30

Yesù à kehī mɔɔ mee i ŋgìi mùdàa biyìŋyè; nì nunu à hɔɔ tɛlɛp lɔŋgê, à ti Nyambɛ lìpem. Lukàs 13,13

8. Ŋgwà Njaŋgumba, Dìpɔ̀s

Nyambɛ à gaɔ̄m lɔŋgeŋēm yee nì ɓonyoni yee. Hyèmbi 57,4/57:3

Lìtam li Mbuu li ye gwēhaà, nì màsee, nì n̄sàŋ, nì wɔŋgut, nì lɔŋgeŋēm, nì lìyomba, nì ɓonyoni (ŋ̀em hemlɛ̀), nì ŋ̀emlimà, nì hodnyuu. Gàlatìà 5,22–23

Màteò 9,27–34 :: Ŋ̀aŋga Ɓôt 13,1–3.17–33

9. Ŋgwà Ûm, Dìpɔ̀s

Halā à bilēmel Yehōvà lɛ a yīlha ɓɛ̀ɛ̀ ɓôt ɓee. 1 Sàmuèl 12,22

Ɓàoma ɓā ti Nyambɛ lìpem, ɓa kāl lē, ndòmlɛ Nyambɛ à ǹti yâk bìlɔ̀ŋ bìpɛ lɛ bi hyēl ŋ̀em inyùu nìŋ.
Mînsɔn mi Ɓaomâ 11,18

Markò 3,1–12 :: Ŋ̀aŋga Ɓôt 14,1–25

10. Ŋgwà Ŋgeè, Dìpɔ̀s

Jɔn hānaànɔ, à Nyambɛ wès, Nyambɛ nùŋkeŋi nì nu lìpemba, nì Nyambɛ nū à ŋkònha wɔŋi, nu à ntēeda malombla nì ɓonyoni, njiihà ini yɔ̀sonā ì m̀pemel ɓes, ì nɛnɛ ɓāŋ ī mìs mɔŋ kìkìi ndèk jàm. Nèhèmìà 9,32

Mè ńyī tɔy lɛ tɔ̀ nyèmb ì galà ɓe ɓagal ɓes nì gweha Nyāmbɛ ī i ye ī Krīstò Yesù Ŋwèt wês, tɔ̀ nìŋ, tɔ̀ aŋgèl, tɔ̀

TOBOTOBO : **e** : "thé", **èt** : peser le poids *** **u** : "tout", **ùɓè** : tremper

ɓà-ànɛ̀, tɔ̀ màm ma ye hānaànɔ, tɔ̀ ma mā galɔ̄ɔ, tɔ̀ mìmpemba, tɔ̀ ŋgìi, tɔ̀ ndip, tɔ̀ kinjē ndòŋ hègel ìpɛ. Romà 8,38–39

Yòhanès 4,46–54 :: Ŋaŋga Ɓôt 14,26–38

11. Ŋgwà Mbɔk, Dìpɔ̀s
Mè yè Yèhovà, mè gapɔ̄t, ndi lìpodol mè mpɔ̄t li gayɔ̄n ndigi hālā; li gatìŋha ɓee. Ėzekìèl 12,25

Ndi Lìtìlà, lakìi li tēhe bīsū bi ŋgedà le Nyambɛ à kàl bilɔ̀ŋ bìpɛ le bi tee sēp inyùu hēmlè, wèè li ɓǒk lègel Abràhâm ŋwìn nlam le, I kède yɔ́ŋ nyen bìlɔ̀ŋ gwɔbisonā bi gasàyɓana. Gàlatìà 3,8

Lukàs 8,1–3 :: Ŋaŋga Ɓôt 14,39–45

12. Ŋgwà Kɔɔ, Dìpɔ̀s
Ù kɔ̀n ɓáŋ pūhe māsìhì wɔ̀ŋi, tɔ̀ ciba i biɓeba bi ɓoòt ŋgedà i nlô; inyǔlē Yèhovà à gaɓā ɓodŋem yɔɔŋ.
Bìŋgèŋgên 3,25.26

Ɓanigîl ɓa tēhe ɓáŋ nyē à ŋkè ni màkòò i ŋgìi lɔ̀m, ɓa sîhlà, ɓa kâl lē, Ŋkugì û; ɓa kaa lōnd inyùu wɔ̀ŋi. Nì Yesù à hɔɔ podos ɓɔ, à kâl le, Ɓana mìŋem; ŋgɔ mè nunu; nì kɔ̀n ɓáŋ wɔ̀ŋi. Màteò 14,26–27

Màteò 12,15–21 :: Ŋaŋga Ɓôt 17,16–26

13. Ŋgwà Jôn, Dìpɔ̀s
Yak Nyāmbɛ nyēn mè gwèène ɓɔdŋem, mè ŋkɔ̀n ɓe mɛ wɔ̀ŋi; mùt bìnàm à nlà ɓɔ́ŋ ki mɛɛ̀? Hyèmbi 56,12/56:11

Halā nyēn mìntoŋ i kède Yùdeà yɔ̀sonā nì Gàlìleà nì Sàmarìà mi ɓā mi gwēē nsàŋ, mi om màkòò hisī; mi ɓôl,

---

MÀKIŊ: (1) Haut: kop/kóp : poule, verser **** (2) Bas: nɔ̀l/nɔ̀l : rire

lakìì mi ɓā hyumuùl i wɔ̀ɲi Ŋwɛt nì hɔ̀gɓè i Mbuu M̀pubi.
Mìnsɔn mi Ɓaomâ 9,31

Mìnsɔn mi Ɓaomâ 9,31–35 :: Ŋ̀aŋga Ɓôt 20,1–13

Krîstò à ŋkàl lɛ, **Lakìi nì biɓòŋol wadā munu lògtatā hālà, tɔ̀ ini i nlóha tidigi, mɛ̌n nì biɓòŋol halà.** Màteò 25,40b

Lukàs 10,25–37 :: 1 Yòhanès 4,7–12 :: Lòk Levì 19,1–3.13–18.33–34 :: Markò 3,31–35

14. Ŋgwànɔ̂y, Dìpɔ̀s
tɔ̀ halà mɛ̀ gakɔ̀n masee ni Yèhovà, mɛ̀ hàgàk inyùu Nyāmbɛ nū tɔ̄hi yɛ̂m. Hàbakùk 3,18

Ki à ŋgi yiī nɔ̄nɔk, ìsaŋ a tɛhɛ nyɛ, à kónha nyɛ ŋgɔ̄ɔ, à ubi ŋgwee, à hooba nyɛ kīŋ, à sɔs nyɛ. Lukàs 15,20

15. Ŋgwà Njaŋgumba, Dìpɔ̀s
Yèhovà à kãl Mosè lɛ, **Mɛ̀ gapēmhɛnɛ ɓɔ m̀podôl mu lògisāŋ kìkìi wè. Mɛ̀ gahā ki bìɓàŋga gwɛ̂m i nyɔ̀ wee; nyɛn à gapōdol ɓɔ màm mɔmasonā mɛ̀ ŋkãl nyɛ.**
Ndìimbà Mben 18,18

Ŋgàndàk ì ì ɓa emblè nyɛ, ì hêl, ì kāl lɛ, Ɓàà nyɛn à tà ɓe kapindà à? Markò 6,2.3

Màteò 6,1–4 :: Ŋ̀aŋga Ɓôt 20,22–29

16. Ŋgwà Ûm, Dìpɔ̀s
Ŋgìi i ŋ̄aŋal lipem li Nyambɛɛ̀. Hyèmbi 19,2/19:1

Tīna Nyāmbɛ lìpem i kède nyùu nân. 1 Kɔ̀rintò 6,20

Amòs 5,4–15 :: Ŋ̀aŋga Ɓôt 21,4–9

TOBOTOBO : **e** : "thé", **èt** : peser le poids *** **u** : "tout", **ùɓè** : tremper

Dìpòs (09)

17. Ŋgwà Ŋgeè, Dìpòs

Yèrèmià à kā́l lɛ, **Iɓā̄lē mè ŋ̀kā́l lɛ, Mè gatōp ha ɓe mɛ nyē jǒy, tɔ̀ pɔt kì i jòy jee, wèɛ yɔ̀m i ye mè ŋɛ̄m wěŋgɔ̀ŋlɛ hyèɛ hi nlō̄ŋ ǹyĭbnègè i kède bìhès gwêm.** Yèrèmià 20,9

Sɔɔhana kì inyùù yés nlèlèm halà, lɛ ndi Nyāmbɛ ā yììɓlɛ ɓès ŋwɛmɛl inyùu ɓàŋga yee i ā̄ŋaàl jìmb li Krístò; inyùù yeē nyɛn mè kèŋnɛ hāna, lɛ mɛ sɔlɔ̄l kì jɔ, kìkìì i nsòmbla ni mè. Kòlosè 4,3–4

Ndììmbà Mben 24,10–22 :: Ǹ̩aŋga Ɓôt 21,21–35

18. Ŋgwà Mbɔk, Dìpòs

Yèhovà à mpɔ̄t lɛ, **Inyŭkī nì nsèm mɔnī inyùu yɔ̀m i ta ɓē kɔgā, nì òɓhàk ŋgwèègè nàn inyùu yɔ̀m i nnūuhà ɓee? Ɛmblana! Ɛmblana mè lɔŋgê, ndi tɔ̀ nì gajē yɔm i ye lō̄ŋgeè.** Yèsayà 55,2

Yesù à kā́l lɛ, **Yik mudàà ini nì lìyɛp jee à ǹlɛ́ŋ gwɔ̀m gwɔbisonā à ɓak à gwèɛ, gwɔbisonā yaga inyùu nɔ̀m yee.** Markò 12,44

2 Kòrintò 8,10–17 :: Ǹ̩aŋga Ɓôt 22,1–20

19. Ŋgwà Kɔɔ, Dìpòs

Hanyēn ɓòt ɓa ndap Yūdà ɓa bipēy, ɓa yeglè, ɓa gaōm miŋkàŋ hisī, ɓa numûk màtam i ŋgìi. 2 Bìkiŋɛ 19,30

Yesù à ŋkàl lɛ, **Yèna ī kède yêm, mè kì i kède nàn. Kìkìì lèl ŋkòò i nlà ɓe num matam ni yɔ̄mèdɛ, hàɓaɓɛ lɛ i yiī nì ŋ̀kòò, halà kì tɔ̀ ɓèe nì nlà ɓee, hàɓaɓɛ lɛ nì yìi ī kède yêm.** Yòhanès 15,4

Yàkobò 2,5–13 :: Ǹ̩aŋga Ɓôt 22,21–41

MÀKIŊ: (1) <u>Haut</u>: kop/kóp : poule, verser **** (2) <u>Bas</u>: nòl/nɔ̀l : rire

20. Ŋgwà Jôn, Dìpɔ̀s

Niiga mè i ɓɔ̀ŋ sòmbòl yɔŋ, inyǔlē ù yè Nyambɛ wèm. Lɔŋgɛ yɔ̄ŋ Mbuu i ega mè mu mpōmbo njɛèl.
Hyèmbi 143,10

Ɓɔbasonā Mbūu Nyambɛ à ŋēgaà, ɓɔn ɓa ye ɓɔ̀n ɓa Nyambê. Romà 8,14

Yudà 1.2.20–25 :: N̈aŋga Ɓôt 23,1–12

Ɓeges Yèhōvà, à ǹem wêm, ù hoya ɓáŋ kì tɔ̀ lɔŋgɛ yēe yɔsonā. Hyèmbi 103,2

Lukàs 17,11–19 :: Romà 8,14–17 :: Bìɓòdlɛ 28,10–22

21. Ŋgwànɔ̀y, Dìpɔ̀s

Rût à kǎl lɛ, Ù tindɛ ɓáŋ mè lɛ mɛ yek wè, mɛ tēmb nì mbus, lɛ mè nɔ̄ŋ ha ɓɛ mɛ wè; inyǔlē tɔ̀ hɛɛ ù ŋkɛ̀, yàk mè mè gakɛ̀ɛ; hɔma ù ńyèn yàk mè mè gayèn hâ; ɓòt ɓɔŋ ɓa gaɓā ɓòòt ɓêm, yàk Nyambɛ wɔ̀ŋ kî Nyambɛ wèm.
Rût 1,16

Boàs ɓɔnà Rût ɓa gwal Obèd, Obèd à gwal Yesè, Yesè à gwal Davìd, kiŋê. Yakòb à gwal Yosèf ǹlom Màrià, Màrià nyen à gwal Yēsù, nu à nsèbla lɛ Krǐstò. Màteò 1,5.6.16

22. Ŋgwà Njaŋgumba, Dìpɔ̀s

Ǹsɔn Yehōvà u ye lìpem nì ɓày i lipem; tɛlêbsep yee kî i nnɔ̀m mɓa ni m̀ɓa. Hyèmbi 111,3

Mè gwèe ɓē mɛ ìyêm yêm tɛlɛbsep i ī nlòl i mbēn, ndik ī ī nlòl inyùu hēmlè Krǐstò, tɛlêbsep i nlòl yak Nyāmbɛ īnyùu hēmlè. Fìlipì 3,9

Ndìimbà Mben 26,1–11 :: N̈aŋga Ɓôt 23,13–30

TOBOTOBO : **e** : "thé", **èt** : peser le poids *** **u** : "tout", **ùbè** : tremper

23. Ŋgwà Ûm, Dìpòs
Mè gasòŋ ɓee inyùu nyɛga nàn yòsonā. Èzekièl 36,29

Nyambɛ à bisèbel ɓe ɓes inyùu màm ma nyɛgā, ndik mā pubhà. 1 Tèsàlonìkà 4,7

Gàlatìà 5,22–26 :: Ɲ̀aŋga Ɓôt 24,1–25

24. Ŋgwà Ŋgeè, Dìpòs
Hola ɓès, à Nyambɛ nū tōhi yēs, inyùu lìpem li joy jɔŋ; u sóŋ ɓès, nì ŋwèhèl biɓeba gwes inyùu jòy jɔŋ! Hyèmbi 79,9

Lɛ hyɛlŋem nì ŋwèhèl biɓeba bi aŋlana ī jòy jee i kède bìlòŋ gwɔbisonā ìɓòdòl i Yèrusàlèm. Lukàs 24,47

Fìlemòn 1–22 :: Ɲ̀aŋga Ɓôt 27,12–23

25. Ŋgwà Mbɔk, Dìpòs
Nùnakì, nu à ùŋgus dìkòa, à hɛ̂k mbɛbī, à mɓìgdaha mût bìnàm màhɔŋɔ̀l ma ŋem wee, à yìlhàgà kì màyɛ ma kɛl jĩbɛ̀, à kidɓêgè ɓàhòma ɓa nyogi, jòy jee lɛ Yèhòvà, Nyambɛ nū mìntoŋ. Amòs 4,13

Àlèluyà! Inyǔlē Ŋwèt lɛ Nyambɛ wěs, Ɓayêmlikòk, à ɲ̀anè. Màsɔ̀ɔ̀là 19,6

1 Mìɲaŋ 29,9–18 :: Lukàs 13,18–21

26. Ŋgwà Kɔɔ, Dìpòs
Ŋgàndàk ì mpɔ̄t inyùu nòm yêm lɛ, Hola ī ta ɓē yak Nyāmbɛ inyùù yeē. Ndi wè, à Yehōvà, ù yè ɓèn i ŋkēŋa mɛè, lìpem jêm, nì nu à mpà ŋɔ wêm. Hyèmbi 3,3–4

Ndi mùt wàda mû, à tɛhɛ ɓăŋ lē à m̀pubhànà, à têmb ni mbūs, à tinâk Nyambɛ lìpem ni kĩŋ kēŋi. Lukàs 17,15

MÀKIŊ: (1) <u>Haut</u>: kop/kóp : poule, verser **** (2) <u>Bas</u>: nòl/nɔ̀l : rire

Yòhanès 13,31-35 :: Lukàs 13,22-30

27. Ŋgwà Jôn, Dìpòs
Nì kɔ̀n ɓáŋ wɔ̀ŋi: mɔ̀ɔ̀ manân ma ɓana ndīgi ŋgùy.
Sàkàrià 8,13

Yesù à ŋkàl lɛ, Nì gwèe njīihà munu ŋkɔ̀ŋ hisi, ndi ɓana mìŋɛm, mè biyèmbel ŋkɔ̀ŋ hisi. Yòhanès 16,33

2 Tèsàlonīkà 2,13-17 :: Lukàs 13,31-35

Yùgyana kì nyɛ ndùŋa nân yɔsonā, inyǔlē à ntòŋ ni ɓèè.
1 Petrò 5,7

Màteò 6,25-34 :: 1 Petrò 5,5b-11 :: Bìɓòdlɛ 2,4b-25

28. Ŋgwànɔ̀y, Dìpòs
Yèhovà à ntēeda biyɔyɔ̀; à nlèdes man nyùu nì yik mudàa. Hyèmbi 146,9

Nì hoya ɓáŋ ī lɛ̄ɛgè ɓàkèn, inyǔlē ì ɓɔ̀ŋ halà ɓòt ɓàhɔgi ɓa yǐs āŋgèl iɓaɓe ɓɔ yī. Lòk Hebèr 13,2

Aŋgèl Yèhovà ì ŋɔ̄ŋ liɓoga, ì keŋŋgà ɓa ɓā ŋkɔ̀n nyɛ wɔ̀ŋi, ì nsòŋ ki ɓɔ̄. Hyèmbi 34,8

Lukàs 10,17-20 :: Màsɔ̀ɔ̀là 12,7-12 :: Bìɓòdlɛ 21,8-21

29. Ŋgwà Njaŋgumba, Dìpòs
Mè yè ìwɔ̀ŋ, tɔhɔl mè. Hyèmbi 119,94

Ndi nŭnkì, aŋgèl Ŋwèt ì tɛlɛp nyɛ pāŋ, màpubi ma ɓáy ha tùŋ; nì yɔ̀ ì ɓep Petrò i hyèŋ, ì todōl nyɛ, ì kál lɛ, Pala tēlèèp. Nì mìnsaŋ ŋwee mi bikèy mi kɔ̄bla nyɛ mɔ̀ɔ̀.
Mìnsɔn mi 'Ɓaomâ 12,7

TOBOTOBO : **e** : "thé", **èt** : peser le poids *** **u** : "tout", **ùɓè** : tremper

30. Ŋgwà Ûm, Dìpòs
Tɛlɛp, u lɔɔ̄ u hola ɓès! Kɔ̀bɔl kì ɓès inyùu lɔ̄ŋgɛ yɔ̄ŋ ŋɛm!
Hyèmbi 44,27/44:26

Nyambɛ nū kàrîs yɔ̀sonā, nu à bisèbel ɓee lipēm jee li ɓɔgā i Krĭstò, iɓālē nì m̀māl sɔn njɔnɔk ndèk ŋgeŋ, nyɛmèdɛ à gatìmbis ɓee lɔ̄ŋgɛɛ̀, a tee ɓèè, a ledēs kì ɓèè.
1 Petrò 5,10

Bîɓòdlɛ 16,6b–14 :: Lukàs 14,7–14

MÀKIŊ: (1) <u>Haut</u>: kop/kóp : poule, verser **** (2) <u>Bas</u>: nòl/nɔ̀l : rire

BUK I SƆŊ: Yesù Krĭstò à ŋkàl lɛ, Ânè Nyambɛ ī ye ī kède nân. Lukàs 17,21

1. Ŋgwà Ŋgeè, Bìòôm
Nì Yèhovà à sŭgdɛ mimbuu mi ɓoòt ŋwɔminsonā. Nì ɓɔ ɓa lô, ɓa kahal ɓɔ̀ŋ nsɔn inyùu ndāp Yèhovà nu mìntoŋ, Nyambɛ wàp. Haggai 1,14

Yesù à ŋkàl lɛ, **Mè ńyī minsɔn ŋwɔŋ, ndùmbɓà yɔ̀ŋ, nì honɓà yɔŋ.** Màsɔ̀ɔ̀là 2,2

Yosùà 5,13–15 :: Lukàs 14,15–24

2. Ŋgwà Mbɔk, Bìòôm
Lɔ̀na, tɛhna kì mìnsɔn mi Nyambê; à ŋkònha wɔŋi mu lîɓɔ̀ŋɔ̀k jee i kède ɓɔ̀n ɓa ɓôt.
Hyèmbi 66,5

Yesù à kâl ŋànè mbogôl sonda lē, Kènɛk; i ɓoŋā nì wè kìkìi ù ǹhemlè. Nì hìlɔga hi mâl ŋgēŋ ì. Màteò 8,13

Màteò 18,10–14 :: Lukàs 14,25–35

3. Ŋgwà Kɔɔ, Bìòôm
Ǹjɛɛ à bihēmlɛ maàm ma biāŋlana ɓes? Wɔ̀ɔ̀ u Yehōvà kì u bisɔ̀ɔ̀lana njɛɛ? Yèsayà 53,1

Màrìa Màgdàlenà à kê, à aŋlɛ ɓanigîl lɛ, Mè ǹtɛhɛ Ŋwɛt; nì lɛ à ŋkâl me màm mana. Yòhanès 20,18

Mìnsɔn mi Ɓaomâ 12,1–11 :: Lukàs 15,1–10

TOBOTOBO : ɓ : "b implosif", ɓep: frapper *** c : "tch", Câd : Tchad

4. Ŋgwà Jôn, Bìòôm
Sàlomò à sɔɔhè, Ù ǹteeda jàm ù ɓon ŋ̀kɔ̀l wɔŋ tatā Dāvìd; ŋ̂ŋ̂, ù pɔt nì nyɔ̀ wɔŋ, ù ǹyonos ki līpōdol li nì mɔ̀ɔ̀ mɔŋ, kìkìi i ye ī lěn ìni. 1 Bìkìɲe 8,24

Nu à nsèɓel ɓee à yè ɓon i yoni. 1 Tèsàlonìkà 5,24

Mìnsɔn mi Ɓaomâ 27,16–25 :: Lukàs 15,11–32

ŊGÀND MÀ'ɃÙMBÙL
Mìs ma ɓôt ɓɔɓasonā ma nnùn wê, ù ntī ki ɓɔ̄ bìjɛk gwap ŋgèdà ì ma kɔ̄là. Hyèmbi 145,15

Markò 8,1–9 :: 2 Kɔ̀rintò 9,6–15 :: Ndìimbà Mben 8,7–18
Yèsayà 58,7–12

5. Ŋgwànɔ̂y, Bìòôm
Tɔ̀ li mɓa lɔŋgê tɔ̀ ɓeba, dì ganōgol kiŋ Yèhovà Nyambɛ wès. Yèrèmià 42,6

Nì Yesù à tîmbhè, à kāl ɓɔ lɛ, Ɓèè tina ɓɔ̄ bìjɛk.
Markò 6,37

6. Ŋgwà Njaŋgumba, Bìòôm
Mè ńyi ntììk lɛ mè gatēhɛ lɔŋgɛ i Yehōvà mu mbɔ̄k ɓāyomi! Hyèmbi 27,13

Màsɔɔhè ma hemlè ma gatɔ̄hɔl ŋkɔ̀kôn, ndi Ŋwět à ganyɔ̄dɔl nyɛ; ndi iɓālē à biɓɔ̀ŋ biɓeba, bi gaŋwèhlana nyɛ. Yàkoɓò 5,15

Romà 6,19–23 :: Lukàs 16,1–13

7. Ŋgwà Ûm, Bìòôm
Mè ńyi lɛ ù nlà mâm mɔmasonā, nì lɛ, jàm jɔkǐjɔ̄ li nlà ɓe sěk ŋgoòɓà yòŋ. Hiòb 42,2

MÀKIŊ: (3) <u>Moyen</u>: sɔsɔ̄ : grand ******** (4) <u>Haut-bas</u>: pên : peinture

Bàŋga yɔkǐyɔ̄ i nlòl yak Nyāmbeè i ńyēp 6e ni ŋgùy.
Lukàs 1,37

Yèsayà 38,9–20 :: Lukàs 16,14–18

8. Ŋgwà Ŋgeè, Bìôôm
À Yehōvà, ù ŋēmblɛ ŋgoōŋ ì 6ɛt 6a nsàmb; ù galèdes miɲem ŋwap. Hyèmbi 10,17

Yesù à pam 6ǎŋ hā hòma nû, à pa mīs, à kâl nyɛ lɛ, À Sakēò, hɔɔ sòs; inyŭlē mè ǹlama yén lɛēn i ndāp yɔɔ̀ŋ. Nì Sàkeò à hɔɔ sôs, à yɔ́ŋ nyɛ nì màsee. Lukàs 19,5–6

Markò 5,21–24.35–43 :: Lukàs 16,19–31

9. Ŋgwà Mbɔk, Bìôôm
Yèhovà à kâl Abràm lɛ, I kède yɔ́ŋ nyɛn bìlòk bi hisi bi gasày6ana. Bì6òdlɛ 12,1.3

Ba 6ɔ̄6asonā 6a ye 6àhemlè 6ɔn 6a nsày6ana lôŋ yada ni Àbràhâm, mùt hemlè. Gàlatìà 3,9

Fìlipì 1,18b–26 :: Lukàs 17,1–10

10. Ŋgwà Kɔɔ, Bìôôm
Mè mè 6ɛ̂l wè kìkìi lɔ̄ŋgɛ ŋkòò wây, lɔŋgɛ mbōo yaga; lela ni ù bihyèl6à, ù yīlna mɛ mìncêp mìm6ɛ mi ŋkěn ŋ̀kòò wây? Yèrèmià 2,21

Nyambɛ à ǹcoôk 6e 6ôt 6ee à 6ŏk yī. Romà 11,2

Màsɔ̀ɔ̀là 2,8–11 :: Lukàs 17,11–19

TOBOTOBO : 6 : "b implosif", 6ep: frapper *** c : "tch", Câd : Tchad

11. Ŋgwà Jôn, Bìòôm

À Yehōvà, Ŋwèt wês, kinjē kīlì lɔŋgɛ jòy jɔŋ li ye hīsī hyɔsonā! Hyèmbi 8,2/8:1

Yesù à ŋkàl lɛ, **Nì gaɓā ki mbògi yêm i Yèrusàlèm, nì Yùdeà yɔ̀sonā nì Sàmarìà, lɛtèè nì masūk ma hisi.**
Mìnsɔn mi 'Baomâ 1,8

Romà 4,18–25 :: Lukàs 17,20–37

Kɔ̀mɔ̀l i bikɔ̀mɔl ŋkɔ̀ŋ hisi yɔ ini lɛ, hemlè yes.
1 Yòhanès 5,4c

Màteò 15,21–28 :: Romà 10,9–18 :: Yèsayà 49,1–6 :: Yosùà 2,1–21

12. Ŋgwànɔ̀y, Bìòôm

Pɔt yee mbɔk i ye ndòŋ pɔt mbɔk ì nnɔ̀m m̀ɓa ni m̀ɓa. I ganyɔ̄di ɓe i nyēnī, yàk ànè yee kî i ye ànè i gacē ɓee.
Dànièl 7,14

Yesù Kr̆ĭstò à yè ǹlèlèm yàni, nì lèn, nì ìkèpam ī ɓɔ̀ga.
Lòk Hebèr 13,8

13. Ŋgwà Njaŋgumba, Bìòôm

Haana nyen Yèhovà à ŋkàl lɛ, mbaaba yɔ̃ŋ ì nlà ɓe mêlhànà, pɔɔ yɔ̃ŋ kìì ì yè ɓògol. Ndi mè gatìmbis wɛ mbōo, mè gamèles wɛ mbāaba yɔɔ̀ŋ. Yèrèmià 30,12.16.17

Ndi nì ńyī lɛ Yesù Kr̆ĭstò à sɔ̀ɔ̀la lē ndi a heā bìɓeba gwes; ndi ɓeba i ta ɓē i kède yeè. 1 Yòhanès 3,5–6

Lòk Hebèr 11,1–7 :: Lukàs 18,1–8

MÀKIŊ: (3) <u>Moyen</u>: sɔsɔ̄ : grand **** (4) <u>Haut-bas</u>: pên : peinture

14. Ŋgwà Ûm, Bìòôm

Ù bisòŋ nôm yêm i nyɛmb, yàk nì gwĭhà i mìs mêm, yàk màkòò mêm lɛ ma ɓàagɛ ɓâŋ. Hyèmbi 116,8

Mùdàà wadáà à ɓa hà, màcèl ma ɓā pam nyē jòm li ŋwii mbòk iɓaà, à sɛ́m ŋkùs wee wɔnsonā ɓaŋgàŋgàŋ, ndi mùt nyɛkĭnyē à làa ɓē melēs nyɛ, à lôl nyɛ i mbūs, à tis linjèk li mbɔt Yēsù; nì màcèl mee ma sɛm bitēebīloŋi. Lukàs 8,43–44

Bìɓòdlɛ 15,1–6 :: Lukàs 18,9–17

15. Ŋgwà Ŋgeè, Bìòôm

Nì ganyɔ̄di i hɔma nì yè, ni pam, nì kɔ̀nɔ̀k màsee, ɓa ega kì ɓèè ni ǹsàŋ. Yèsayà 55,12

Nì mòm masâmbɔk [mbòk iɓaà] ma ɓanigîl ma têmb ni màsee, ɓa kâl lɛ, À Ŋwɛt, yàk mìmbuu mìmbɛ mi nsuhūs ŋwɔmèdɛ i sī yeēs inyùu jòy jɔŋ. Nì nyɛ à kâl ɓɔ lɛ, Nì kɔ̀n ɓâŋ màsee lɛ mìmbuu mi nsùhus ŋwɔmèdɛ i sī nân; ndi kɔ̀na màsee lɛ mòy manân ma ye ǹtĭlɓàgà i ŋgìi. Lukàs 10,17.18.20

Lukàs 7,1–10 :: Lukàs 18,18–30

16. Ŋgwà Mbɔk, Bìòôm

Ù kɔ̀n ɓâŋ wòŋi, inyŭlē mè yè nì wè, ndi mè gasàyap wê. Bìɓòdlɛ 26,24

Lìpem li ɓa nì Nyambê, nì Ìsaŋ Ŋwèt wés Yesù Krǐstò, nu à bisàyap ɓes nì màsɔda ma Mbuu mɔmasonā inyùu Krǐstò nyɔ̀ɔ ŋgìi. Èfesò 1,3

Mìnsɔn mi Ɓaomâ 5,34–42 :: Èzekìèl 1,1–21

TOBOTOBO : Ɓ : "b implosif", ɓep: frapper *** c : "tch", Câd : Tchad

Bìòôm (10)

17. Ŋgwà Kɔɔ, Bìòôm
Mè ŋŋwàs ɓe mɛ wè, hànduk lɛ ù sayáp meè. Bìɓòdlɛ 32,27

Nì ɓòt ɓa lɔnā nyɛ ɓɔɔ̀ŋgɛ ɓàtidigi, lɛ a kehī mɔ̀ɔ̀ mee i ŋgìi yâp, a sɔɔhɛ. Màteò 19,13

Lòk Hebèr 12,1–3 :: Èzekìèl 1,22–28

18. Ŋgwà Jôn, Bìòôm
Kɔ̀nàŋgɔɔ nì ŋwèhèl biɓeba gwɔn bi yenè yak Ŋwèt lɛ Nyambɛ wès. Dànièl 9,9

I kède yeē nyɛn dì gwèènɛ kɔ̀blà inyùu màcèl mee, ŋwèhèl inyùu màhòhà mes kĭŋgèdà lìŋgwàn li karîs yeè. Èfesò 1,7

Màteò 14,22–33 :: Èzekìèl 2,1–3,3

Lìtìŋ dì bikòs i nyēnī, jɔ līni lɛ, mùt a ŋgwēs Nyambeè, a gwes yàk măsāŋ. 1 Yòhanès 4,21

Markò 10,17–27 :: Èfesò 5,15–20 :: Mànyɔ̀dì 20,1–17 :: Yàkobò 2,14–26

19. Ŋgwànôy, Bìòôm
À Nyambê, ù lìm ɓaŋ! Ù nii ɓaŋ, ù mɔm ɓaŋ ŋwɛɛ, à Nyambê! Ndi nŭnkì, ɓàɓala ɓɔ̄ŋ ɓa ńyògɓè; ɓa ɓā ŋɔ̀ɔ̀ wê ɓa mpâ miŋɔ i ŋgìi. Hyèmbi 83,2–3/83:1-2

À Ŋwɛt, ɓàà di ɓebek ɓɔ̄ pànsɔ̀ŋ è? Lukàs 22,49

20. Ŋgwà Njaŋgumba, Bìòôm
Pɔt yee mbɔk i gaɓòdol i tūye wàda letèè nì tuye m̀pɛ, iɓòdòl kì i Lɔ̀m letèè nì masùk ma hisi. Sàkàrià 9,10

Ǹsɔ̀hɔ̀p à ɓedna ki nyē ŋgìi sōsɔ̄ hìkòa, à eba nyɛ ɓiànɛ bi ŋkɔ̀ŋ hisi gwɔbisonā nì lìpem jap; à kâl nyɛ lɛ, Mè ntī we

---

MÀKIŊ: (3) <u>Moyen</u>: sɔsɔ̄ : grand **** (4) <u>Haut-bas</u>: pên : peinture

mmàm mana mɔmasonā iɓālē ù ŋom maɓɔŋ hisī, ù ɓeges mê. Yesù à kal nyɛ lɛ, À Saatàn, nyɔdi. Màteò 4,8–10

1 Tèsàlonīkà 4,9–12 :: Èzekìèl 3,4–11

21. Ŋgwà Ûm, Bìòôm
Abràm à kɛ kìkìi Yèhovà à kǎl nyē. Bìɓòdlɛ 12,4

Ŋgɔ yàk ɓès ɓɔn à sèbel, ɓès yaga, ndi dì nlòl ɓe i kède Lòk Yudà yɔtāma, ndi yàk nì i kède bìhaarèn (bìlɔŋ bìpɛ). Romà 9,24

Gàlatìà 5,13–18 :: Èzekìèl 3,12–21

22. Ŋgwà Ŋgeè, Bìòôm
Haana nyɛn Yèhovà à ŋkàl lɛ, Kìkìi mè bikwèhne ɓòt ɓana ɓeba kēŋi ini yɔsonā, halā kì nyɛn mè galɔna lɔŋge yɔsonā ŋgìi yáp i mè bikàk ɓɔ. Yèrèmià 32,42

Ndi ɓɔdŋem yes inyùu nàn i siŋi sìŋsìŋ, inyǔlē dì ńyī lɛ kìkìi nì yè ɓàyɔ̀ŋŋgàbà mu njɔ̄ŋɔk, halā kì nyɛn nì yè inyùu lèdèhŋem. 2 Kɔ̀rintò 1,7

Hyèmbi hi Salōmò 8,4–7 :: Èzekìèl 3,22–27

23. Ŋgwà Mbɔk, Bìòôm
'Bàa mùdàa à nhōya man à nnyūŋuùs lɛ à kɔ́n ɓe man nu liɓùm jee ŋgɔ̄ɔ ɔ̀? Hɔ̀dɔ, tɔ̀ i ɓā yàà lɛ ɓana ɓa nhōyaà, ndi mè mè tà ɓe mɛ lē mè hoya wê. Yèsayà 49,15

Nyambɛ à yè gwehâ. 1 Yòhanès 4,8

Markò 3,31–35 :: Èzekìèl 7,1–13.27

TOBOTOBO : ɓ : "b implosif", ɓep: frapper *** c : "tch", Càd : Tchad

Bìòôm (10)

24. Ŋgwà Kɔɔ, Bìòôm

Yèhovà à ŋkàl lɛ, 'Bɔdŋɛm i ye inyùu ŋgèdà yɔ̃ŋ i nlɔ̀. Yèrèmià 31,17

Nyambɛ à bigwēs lɛ i kède cày di galɔ̀ɔ, a eba sōgɓoòk lìŋgwàŋ li karîs yèè i kède lɔ̄ŋgɛŋēm inyùù yés i Krīstò Yesù. Èfesò 2,7

Romà (14,20b–15,1)15,2–6 :: Èzekìèl 8,1–11

25. Ŋgwà Jôn, Bìòôm

Nì gajē kɔgā naàn, nì nuâk, ni yēn kì mu hīsī hinaàn iɓaɓɛ nduŋā. Lòk Levì 26,5

Kɔ̀ga Nyambɛ ī ye ī i nlòl i ŋgìì, i tinâk ŋkɔ̀ŋ hisi nìŋ. Yòhanɛ̀s 6,33

Màteò 5,17–20 :: Èzekìèl 8,12–18

À Yehōvà, mèlɛs mè, ndi mè gamèlhana; tɔhɔl mè, ndi mè gatɔ̄hlana. Yèrèmià 17,14

Markò 2,1–12 :: Yàkobò 5,13–16 :: Mànyɔ̀dì 34,4–10 :: Yòhanɛ̀s 5,1–16

26. Ŋgwànɔ̀y, Bìòôm

Ba ɓā kolī kòs lɔŋgê, ù ǹnim ɓāŋ ɓɔ̄ yɔ̄, ŋgèdà ŋgùy i ɓɔ̀ŋ yɔ ì yè i wɔ̀ɔ̀ wɔŋ. Bìŋgèŋgên 3,27

Iɓālē mùt à ǹjóp ndāp nān mitìn nì dìɓanda dī goòl nì bìèŋ bìlam, ndi yàk hìyɛba mùt hi jóp loòŋnì mbɔt mahindi, ndi ɓèè ni mɛ́mlɛ ndigi mùt à heeba bìèŋ bìlam, nì kâl nyɛ lɛ, Yɛ́n hāna lɔ̄ŋgɛɛ̀; ndi nì kâl hìyɛba mùt lɛ, Wɛ tɛlɛp nyɔ̀ɔ, tɔ̀lɛ yɛ̌n hāna i sī kèhnɛ yêm

---

MÀKIŊ: (3) <u>Moyen</u>: sɔsɔ̄ : grand **** (4) <u>Haut-bas</u>: pên : peinture

makòò, ɓaa wèɛ nì gwèe ɓē ndɔdla i kède nàn, nì yilā ki ɓàkeês nì màhɔŋɔ̂l màɓɛ è? Yàkobò 2,2–4

27. Ŋgwà Njaŋgumba, Bìòôm
Mìs ma ɓôt ɓɔɓasonā ma nnùn wê, ù ntī ki ɓɔ̄ bìjɛk gwap ŋgèdà ì ma kɔ̄là. Ù nnāhal wɔɔ wɔŋ, u nuus kì ŋgŏŋ ì hi yɔm i gweē nìŋ. Hyèmbi 145,15–16

Yòhanès Ǹsòblè à tímbhɛ ɓɔ lɛ, **Mùt à gwèe bìsɔdi bīɓaà, a ti nū à gwèe ɓēe; yàk nu à gwèe bìjɛk, a ɓɔ́ŋ ǹlèlèm.** Lukàs 3,11

Mànyɔ̀dì 15,22–27 :: Èzekìèl 11,14–25

28. Ŋgwà Ûm, Bìòôm
Ǹ̀gok u mɓōk bisū bi cibaà, yàk mbuu lipàmàl u mɓòk bisū bi kwɔɔ. Bìŋgèŋgên 16,18

Yesù à kâl ki lē, **jàm li mpām i kède mùt jɔn li nhīndis muùt.** Markò 7,20

Lukàs 5,12–16 :: Èzekìèl 12,1–16

29. Ŋgwà Ŋgeè, Bìòôm
Yèhovà à ŋkàl lɛ, **I ɓā nī lɛ nì ganōgol yaga kiŋ yɛèm, nì teeda ki màlombla mêm, ha nī nyɛn nì gayìlna mɛ ǹtɔlɔ̂k tik yɔm, m̀baglàgà nì bìlɔŋ bìpɛ gwɔbisonā; inyǔlē hìsi hyɔsonā hi ye ndîk hyêm.** Mànyɔ̀dì 19,5

Yesù à ŋkàl lɛ, **Iɓālē nì ntēeda matìŋ mêm, nì gayèn i kède gwēha yèm; kìkìi yàk mè mɛ bitēeda matìŋ ma Tatà, mè yēn ki ī kède gwēha yēe.** Yòhanès 15,10

Yòhanès 9,1–7 :: Èzekìèl 16,1–22

TOBOTOBO : ɓ : "b implosif", ɓep: frapper *** c : "tch", Câd : Tchad

30. Ŋgwà Mbɔk, Bìôôm

Tĕmb, à Yehōvà, sŏŋ nɔ̀m yêm; tɔhɔl mè inyùu lɔ̄ŋgɛ yɔ̄ŋ ŋem! Hyèmbi 6,5/6:4

Nyambɛ à nlèdes yaga ɓes mìŋem i kède njiihà yĕs yɔ̀sonā, lɛ ndi ɓès di laā lèdes ɓôt mìŋem, ɓa ɓā gweē tɔ̀ ìmbe njiihà, nì lèdèhŋem Nyāmbɛ à yè à ledēs ɓes.
2 Kɔ̀rintò 1,4

Yèrèmià 17,14–17 :: Èzekìèl 17,1–10

ŊGWÀ U "REFORMATION"

Mùt nyekĭnyē à tà ɓe lɛ à la tēk hikùù hìpe hi nsèlna ni hī hī tēga, hyɔn hi ye Yēsù Krĭstò. 1 Kɔ̀rintò 3,11

Màteò 5,1–12 :: Romà 3,21–28 :: Ndììmbà Mben 6,4–9

31. Ŋgwà Kɔɔ, Bìòôm

Yèhovà à ŋkàl lɛ, Inyŭki nì ŋkɔ̀lɓa mê? Ɓèèɓɔɓasonā nì bicàŋgɛnɛ mê. Yèrèmià 2,29

Lɔ̀à i ta ɓēe, lakìi ɓɔ̄ɓasonā ɓa biɓɔ̀ŋ ɓeba, ɓa haŋ ki nì lìpem li Nyambê. Ndi inyùu kàrîs yèè nyɛn ɓa ŋkelā lɛ ɓa tee sēp yaŋgà yàŋgà, inyùu kɔ̀blà i ye ī Krĭstò Yesù.
Romà 3,22–24

MÀKIŊ: (3) **Moyen**: sɔsɔ́ : grand ******** (4) **Haut-bas**: pên : peinture

BUK I SOŊ: Nyambɛ à ŋkàl lɛ, **Mè gayēŋ u ū binīmiìl, mɛ têmbna kì u ū biyòm, mɛ káŋ kì u ū biɓābaa ɓandaàs. Mè galèdes u ū ɓeè ǹtɔ̀mbɔ̂k.** Èzekìèl 34,16

1. Ŋgwà Jôn, Màyɛsèp
Mè gawɔ̄ ɓe mɛ nyùù, i ŋgèdà mè ntibil ɓeŋgē matìŋ mɔmasonā. Hyèmbi 119,6

Yesù à mpɔ̄t lɛ, **Ì i hìsi hìlam, ɓana ɓa ye ɓā ɓā yè ɓa nɔk ɓaŋgā, ɓa teeda yɔ nì mìŋem mìnlam nì mi mī ye lɔ̄ŋgeè, ɓa ntèŋɓɛ num matam.** Lukàs 8,15

Lukàs 13,10–17 :: Èzekìèl 18,1–3.20–32

À wɛ mùt bìnàm, ɓa mmāl eba wɛ jàm li ye lɔ̄ŋgeè. Jàm Yèhovà à ńyɛ̄ŋ i wěnī li ye kii? Ndigi lē u ɓɔɔ̄ŋ màm ma tee sēp, u gwes kì lɔŋgeŋēm, u kihā kì nì Nyambɛ wɔ̀ŋ nì ŋem ǹsòhga. Mikà 6,8

Markò 10,2–16 :: 2 Kɔ̀rintò 3,3–9 :: Bìɓòdlɛ 8,18–22; 9,12–17

2. Ŋgwànɔ̀y, Màyɛsèp
I yɔ̀kel nu nyēn ŋgàndàk bìlɔ̀ŋ ì ga-àdɓa ni Yèhovà, bi gayìla yaga ɓôt ɓêm. Sàkàrià 2,15

Nyambɛ à gayèn i ɓɔ̄nī; ɓa gaɓā ɓoòt ɓee, ndi Nyambɛ nyēmèdɛ à gaɓā i kède yâp, à ɓâk kì Nyambɛ wàp.
Màsɔ̀ɔ̀là 21,3

3. Ŋgwà Njaŋgumba, Màyɛsèp
Tɔ̀ hanânɔ yaga, mùt wèm mbògi à yè i ŋgìì, yàk mùt à ŋkēe mɛɛ̀ à yììnɛ ɓāhɔ̀ma ɓa nyogi. Hiòb 16,19

TOBOTOBO : ɛ : "lait", **ɛ́**: arbre *** ŋ : "ing", áŋ : lire

Jɔn lākìi dì gwèe ìni ndòŋ prǐsì keŋi, ì ì yè ɓàjòbga i ŋgìŋgiì, Yesù, Mǎn Nyāmbeɛ̀, wèè di adɓɛ nī ni pāhaàl yes. Lòk Hebèr 4,14

2 Tèsàlonīkà 3,6–13 :: Èzekìèl 22,1–16

4. Ŋgwà Ûm, Màyɛsèp
Mè gahyōm bisū bi Yehōvà mu mbōk ɓāyōmi.
Hyèmbi 116,9

Halā nī nyɛn yàk ɓèè, aŋa ɓèèɓɔmèdɛ kìkìi ɓàwɔga i pès ɓeba, ndi ɓayomi i pès Nyambɛ ī Yēsù Krǐstò Ŋwèt wês.
Romà 6,11

Romà 13,1–7 :: Èzekìèl 24,1–14

5. Ŋgwà Ŋgeè, Màyɛsèp
Di tɔŋɔl mànjèl mes, di tibil wàn mɔ, di témb yāk Yèhovà. Mìnlend mi Yerèmià 3,40

Mè nsɔ̄ɔhɛ ni Nyambɛ inyùu jàm lini lɛ, gweha nân i yâmb ɓàŋga lìyàmbàk i kède yī nì pèk yɔ̀sonā, lɛ ni yi ɓāgal maàm i kèmhè ma mā nlòòha malam, ndi ni lêbna kìkìi ɓòt ɓa mapubi nì ŋgìnsɔ̀hi i ŋgwà Krǐstò.
Fìlipì 1,9–10

Èfesò 5,25–32 :: Èzekìèl 24,15–27

6. Ŋgwà Mbɔk, Màyɛsèp
Inyùu lìpem li joy jêm nyɛn mè yèe mè ntùga hiun hyêm, mè yèe mè ŋgwèl ki mèmèdɛ inyùù yɔ̀ŋ, lɛ mɛ kôs bìɓegês, mè tiga ce wê. Yèsayà 48,9

MÀKIŊ: (5) Bas-Haut: mǎn : bébé, fils de **** (6) Haut-moyen: ɓâŋ : ne..pas, plus

Aŋgèl ì kāl Yosɛ̀f lɛ, **Màrià à gagwāl man mùùnlom; ù gaɔ̀ nyɛ jòy lɛ YESÙ; inyŭlē nyɛn à gatɔ̄hɔl ɓoòt ɓee ni bìɓeba gwap.** Màteò 1,21

1 Kɔ̀rintò 14,26-33 :: Èzekìèl 33,21-33

7. Ŋgwà Kɔɔ, Màyɛsèp
Ba ɓɔ̄ɓasonā ɓa ńyēŋ weè ɓa hagāk, ɓa kɔnɔ̄k kì màsee inyùù yɔ̂ŋ. Hyèmbi 40,17

Kiŋɛ ì nlòl i jòy li Ŋwet i ɓa ǹsăyɓàk; ǹsàŋ i ŋgìi, nì lìpem i ŋgìŋgiì. Lukàs 19,38

Yòhanès 18,28-32 :: Èzekìèl 34,1-16

8. Ŋgwà Jôn, Màyɛsèp
Mè gahyōmna ɓandim njèl ɓɔmèdɛ ɓa ńyī ɓēe. Mè gaɓɔ̀ŋ ki ɓɔ̄ lɛ ɓa kidɓɛ dìnjènjelā ɓɔmèdɛ ɓa nnēk. Yèsayà 42,16

Yesù à kāl lɛ, Mɛ̌n mè yè màpubi ma ŋkɔ̀ŋ hisi; nu à nnɔ̀ŋ mê, à gahyūmul ɓe i jĭbè, ndi à gaɓāna mapubi ma nîŋ. Yòhanès 8,12

Bìŋgèŋgên 3,1-8 :: Èzekìèl 34,23-31

Bàsaŋgâl ɓòt ɓa ye ǹsăyɓàk, inyŭlē ɓa gasèblana lɛ ɓɔ̀n ɓa Nyambê. Màteò 5,9

Lukàs 17,20-30 :: Romà 8,18-25 :: Mikà 4,1-7b :: Lukàs 6,27-38

9. Ŋgwànɔ̀y, Màyɛsèp
Yɔ̀ŋa yihɛ ni ɓèèɓɔmèdɛ, i tiga lɛ nì hoya malombla ma Yehōvà Nyambɛ nàn, ma à lombla nì ɓèè, ndi ni uŋgūs

---

TOBOTOBO : ɛ : "lait", **É**: arbre *** ŋ : "ing", áŋ : lire ncɔɔk ôŋgɓà i gweē màoŋg ma yɔm yɔkǐyɔ̄ Yèhovà Nyambɛ wɔ̀ŋ à sòŋa wè. Ndìimbà Mben 4,23

Ŋgɔ màm mee, halā à yè lɛ lìpemba jee li ɓɔgā, nì lìɓâk jee li Nyambê, tɔ̀ lakìì ma ntēhèa ɓee, ma nnēne ɓaŋgā ɓaŋgā iɓòdòl yaga bihègel bi ŋkɔ̀ŋ hisi, inyǔlē ɓòt ɓa ye lē ɓa yimɓɛ mɔ i kède màm ma hèga, lɛ ndi ɓa ɓāna ɓaāŋ likee. Romà 1,20

10. Ŋgwà Njaŋgumba, Màyɛsèp
Inyǔkǐ ù ntɔ̀gha nyɛ? Ŋgɔ à ŋkāa ɓe inyùu lìɓɔ̀ŋɔ̀k jee jɔkǐjɔ̄. Inyǔlē Nyambɛ à mpɔ̄t ni njěl yadā, tɔ̀ nì njěl ìpɛ, ndi mùt à ńyìmbɛ ɓe jâm mû. Hiòb 33,13–14

Nu à gwèe mào a nɔk jàm Mbuu à ŋkàl mintoŋ. Màsɔɔ̀là 2,7

Bìɓòdlɛ 33,1–11 :: Èzekìèl 36,16–32

11. Ŋgwà Ûm, Màyɛsèp
Ù kɔ̀n ɓáŋ wɔ̀ŋi, tɔ̀ sèhlà. Yosùà 8,1

Nì nyɛ a tis mis map, à kǎl lɛ, I ɓoŋā nì ɓèe kǐŋgèdà hemlè nân. Nì mìs map ma yîɓlà. Màtèò 9,29–30

Yèsayà 57,17–21 :: Èzekìèl 37,1–14

12. Ŋgwà Ŋgeè, Màyɛsèp
Nì tɔdlak ɓáŋ ɓòt mu mbàgi nàn. Nì gaēmblɛ ɓatidigi nì ɓakēŋi kàyàda; nì kɔ̀nɔk ɓáŋ mùt wɔ̀ŋi, inyǔlē mbàgi ì yè ì Nyambê. Ndììmbà Mben 1,17

Ndi iɓālē nì ntɔdɔl ɓoòt, nì mɓɔ̀ŋ ɓeba, lakìì mbēn ì ńyɔ̄yɔy ɓee lɛ nì yè ɓàlɛlmbēn. Yàkobò 2,9

Sàkàrià 8,11–17 :: Èzekìèl 37,15–28

MÀKIŊ: (5) Bas-Haut: măn : bébé, fils de **** (6) Haut-moyen: ɓáŋ : ne..pas, plus

13. Ŋgwà Mbɔk, Màyɛsèp

À Yèhovà, **Mè nsēe inyùu tōhi yōŋ**. 1 Sàmuèl 2,1

Ndi màyègà ma ɓa nì Nyambê, nu à ntī ɓes yèmbèl inyùu Ŋwèt wēs Yesù Krǐstò. 1 Kɔ̀rintò 15,57

Lukàs 9,51–56 :: Èzekìèl 40,1–16

Màyɛsèp 13, 1741: "Brüdergemeine" yɔ̀so ì mɓēges Yesù Krǐstò kìkìi n̂jɔ nì M̀maŋ u Ntoŋ wap

14. Ŋgwà Kɔɔ, Màyɛsèp

Kìkìi ǹyògol u nsèghɛ jumbul jee, nì lɛŋêl i ŋgìi ɓɔ̀n ɓee, u nsāmbal bipàbay gwee nì yɔ̀ŋ ɓɔ, nì ɓègèè ɓɔ ŋgìi cìmba cēe. Yèhovà nyɛtāma à ɓe ega nyē, ndi ŋkěn nyāmbɛ à ɓeè ɓe lôŋnì nyɛ. Ndǐimbà Mben 32,11

Yesù à ŋkàl lɛ, **Tàta nū à bitī mɛ ŋwɔ̄ à nlɔ̀ɔ̀ ɓɔɓasonā; mùt nyɛkǐnyē à nlà ɓe kadal ŋwɔ wɔ̀ɔ̀ Tatà**. Yòhanès 10,29

Yòhanès 18,10.11 :: Èzekìèl 42,15–43,12

15. Ŋgwà Jôn, Màyɛsèp

Nuus ndīgi ɓès kêglà nì lɔŋgɛ yōŋ ŋem, lɛ di kehī ǹsèŋgè i nyɔ̀, dì hàgàk dìlɔ ces cɔdisonā. Hyèmbi 90,14

Ndi lìsuk li maɓehna li ye gwēha ī nlòl ŋēm u mpōp, nì lɔŋgɛ kīŋŋēm, nì hemlè i gweē ɓē bihèŋɓà. 1 Tìmòteò 1,5

1 Petrò 3,8–17 :: Èzekìèl 47,1–12

I nsòmbla yaga lɛ ɓèhɓɔɓasonā di yɛli bīsū bi yeēnɛ mbagī Krǐstò. 2 Kɔ̀rintò 5,10a

Màteò 25,31–46 :: Romà 14,1–13 :: Hiòb 14,1–17

TOBOTOBO : ɛ : "lait', Ɛ́: arbre *** ŋ : "ing", áŋ : lire

16. Ŋgwànôy, Màyɛsèp
Tɔ̀ halā yàa à ɓèŋgɛ kùù ɓa tēhɛ, i ŋgèdà à nɔk n̈lɔndɔk wap. Ndi à ɓìgda màlombla mee inyùù yâp.
Hyèmbi 106,44–45

Ɓa ɓā ɓa omoòk Stèfanò ŋgɔ̀k, à sɔɔhègè, à kàlàk lɛ, À Ŋwɛt lɛ Yesù, yŏŋ mbūu wɛèm. Mìnsɔn mi Ɓaomâ 7,59

17. Ŋgwà Njaŋgumba, Màyɛsèp
Mànjèl ma Yehōvà mɔmasonā ma ye mā lɔŋgɛŋēm nì ma ɓonyoni, inyùu ɓā ɓā ntēeda malombla mee nì mbògi yeè. Hyèmbi 25,10

Yesù à ŋkàl lɛ, Ɓèe nì yè n̈sǎyɓàk i ŋgèdà ɓòt ɓa n̈yàhal ɓee, nì tèèŋgà ɓèè, nì nyɛ ɓèè ndôŋ mâm màɓɛ yɔsonā inyùù yêm. Ɓèe kɔ̀na màsee, nì hàk ŋgàndàk, inyŭlē n̈saâ nân u ye n̈kɛŋi Ŋgìì. Màteò 5,11–12

Màteò 25,14–20 :: 1 Tèsàlonīkà 1,1–10

18. Ŋgwà Ûm, Màyɛsèp
Yèhovà à yè ɓèn inyùu ɓā ɓɔ̄ɓasonā ɓa nsɔ̀lɓɛnɛ i nyēnī. Hyèmbi 18,31

Abràhâm kì nyɛn à hɛmlɛ nì ɓɔdŋɛm, tɔ lakìi jàm li ɓodol ŋem li ɓā ɓēe, lɛ ndi a yilā isaŋ ŋgàndàk bìlɔ̀ŋ. Romà 4,18

Yèrèmià 8,4–9 :: 1 Tèsàlonīkà 2,1–12

ŊGWÀ HYÊLŊƐM NÌ MASƆƆHƐ
Tɛlêbsep i mɓēdes lɔɔŋ, ndi ɓeba i n̈wēha bìlɔ̀ŋ gwɔbisonā nyuu. Bìŋgèŋgên 14,34

Lukàs 13,1–9 :: Romà 2,1–11 :: Yèsayà 1,10–18

MÀKIŊ: (5) **Bas-Haut:** mǎn : bébé, fils de **** (6) **Haut-moyen:** ɓā̀ŋ : ne..pas, plus

19. Ŋgwà Ŋgeè, Màyɛsèp

Ŋgɔɔ nì ɓòt ɓa ntōp dipa dìɓɛ, inyŭlē ŋgùy i ɓɔŋ cɔ ì yè i wɔ̀ɔ̀ wap. Mikà 2,1

Yesù à sebēl ɓanigîl ɓee, à kāl ɓɔ lɛ, Ɓèe nì ńyi lɛ ɓà-ànè ɓa bilɔ̀ŋ bìpɛ ɓa ntèt gwɔ, ɓòt ɓap ɓàkɛŋi kî ɓa ŋkèhnɛ ɓɔ mɔ̀ɔ̀ i ŋɔ̄. I gaɓā ɓe halā ī kède nân. Màteò 20,25–26

20. Ŋgwà Mbɔk, Màyɛsèp

Yèhovà Nyambɛ à uŋgūs muùt nì ǹluŋ têk, à huɛ nyɛ ǹhebek u nîŋ i kède mbēn yee mol; halā nyēn mùt à yìla hègel i gweē nìŋ. Bîɓòdlɛ 2,7

Hà mèmèdɛ ha ɓe me nyēn mè nnìŋ, ndi Krǐstò nyɛn à nnìŋ i kède yêm. I nìŋ mè nnìŋil hanânɔ minsòn, mè nnìŋil yɔ inyùu hēmlè mè nhēmlɛ Man Nyāmbeè, nu à gwes mè, à sɛ́m ki nyēmèdɛ inyùù yêm. Gàlatìà 2,20

2 Tèsàlonīkà 1,3–12 :: 1 Tèsàlonīkà 3,1–13

21. Ŋgwà Kɔɔ, Màyɛsèp

À Ŋwet lɛ Yèhovà, wěn ù yè Nyambê, yàk bìpodol gwɔŋ kî bi ye màliga. 2 Sàmuèl 7,28

Iɓālē nì ǹyén i kède ɓàŋga yêm, wèɛ nì yè tɔy ɓanigîl ɓém; nì gayī maliga, ndi màliga ma gayìlha ɓee ŋ̀gwelês. Yòhanès 8,31–32

Lòk Hebèr 13,17–21 :: 1 Tèsàlonīkà 4,1–12

22. Ŋgwà Jôn, Màyɛsèp

Yèhovà à ŋkàl lɛ, Mè yè nu kàrîs, mè gatēeda ɓe me hìun hyêm m̀ba ni m̀ba. Kèmhɛ ndīgi lìɓɔ̀ŋɔ̀k jɔŋ lìɓɛ, lɛ ù m̀māl caāŋgɓɛnɛ Yehōvà Nyambɛ wɔ̀ŋ. Yèrèmià 3,12–13

TOBOTOBO : ɛ : "lait", ɛ́: arbre *** ŋ : "ing", áŋ : lire

Ŋwèhel ɓès mapil mes, kìi yàk ɓěs dì ŋŋwèhel ɓèt ɓa gweē ɓès mapil. Màteò 6,12

2 Petrò 3,13–18 :: 1 Tèsalonīkà 4,13–18

Bìɓòbôk binân bi ɓa ɓanidɓaga ni ŋgōliì, bìtuŋgɛŋ binân kì bi lɔŋɔ̀k. Lukàs 12,35

Màteò 25,1–13 :: Màsɔɔ̀là 21,1–7 :: Yèsayà 65,17–25

23. Ŋgwànɔ̀y, Màyɛsèp
Yèhovà à ŋkàl lɛ, Mɛ̀ ǹtee wɛ lē u yilā màpubi inyùu bìlɔ̀ŋ bipɛ, lɛ u ɓa tɔ̄hi yɛ̄m lɛtɛ̀ɛ̀ nì lisūk li hisi. Yèsayà 49,6

Paul à tɛhɛ yiindà jùu; mùt Màkèdonià à tee, à sɔɔhɛ̀gɛ̀ nyɛ, à kàlàk lɛ, Lɔɔ nyɔ̀nɔ i Màkèdonià, u hola ɓès. Kìi à ǹtehɛ yiindà, kunda yada dì yeŋ njɛ̄l i kɛ̀ i Màkèdonià, dì kál lɛ Nyambɛ à nsèbel ɓes i āŋlè ɓɔ Mìŋaŋ Mìnlam. Mìnsɔn mi 'Baomâ 16,9–10

24. Ŋgwà Njaŋgumba, Màyɛsèp
Kiŋɛ Nèbùkàdnezàr à kál lɛ, I bilēmel mɛ lē mɛ ɓambāl bìyìmbnɛ nì màm ma helha Nyāmbɛ Nūŋgìŋgiī à biɓòŋol mê. Dànièl 3,32/4:2

Yesù à kál lɛ, Mùt à ŋkɔlɓa ɓe ɓes, à yè i ŋgàm yês. Markò 9,40

Lòk Hebèr 12,18–25 :: 1 Tèsalonīkà 5,1–11

25. Ŋgwà Ûm, Màyɛsèp
Yèhovà à gayōnos jaàm li ntīs meɛ̀. Hyɛmbi 138,8

Ndi Yesù à pam ɓăŋ pēlɛs, à yilā lipìgìl li tɔhi ɓɔ̄gā inyùu ɓòt ɓɔɓasonā ɓa nnōgol nyɛ, Nyambɛ à sèbel kì nyɛ lɛ prīsì kɛŋi kĭŋgèdà lìɓâk li Mêlkisèdèk. Lòk Hebèr 5,9

MÀKIŊ: (5) **Bas-Haut**: măn : bébé, fils de **** (6) **Haut-moyen**: ɓăŋ : ne..pas, plus

Yèsayà 35,8–10 :: 1 Tèsàlonīkà 5,12–28

26. Ŋgwà Ŋgeè, Màyɛsèp

À Yehōvà, ù biɓɔ̄ŋ mâm ma helha, nyà ŋgòòbà ù kòòba ìlɔ̄ ɓèhɛɛ yɔ̌n ù m̀mā́l yonos i kède ndèŋɓè nì màliga.
Yèsayà 25,1

Wèè di om nī makòò hisī siɨ̀ŋsìŋ i kède pāhaàl i ɓɔdŋɛm yes iɓaɓe pîŋglà, inyǔlē nu à ti lìkàk à yè ɓonyoni.
Lòk Hebèr 10,23

1 Kɔ̀rintò 3,9–15 :: 2 Tèsàlonīkà 1,1–12

27. Ŋgwà Mbɔk, Màyɛsèp

Ù sèbel ī ŋgèdà bìkùù, mè sɔ́ŋ ki wè. Hyèmbi 81,8/81:7

Petrɔ à tɛhɛ ɓǎŋ mbūk mbèbi, à kɔ́n wɔŋi; kìi à ŋkahal yììbè, à lɔnd lɛ, À Ŋwɛt, tɔhɔl mè. Nì Yesù à hɔɔ sambal wɔɔ, à gwɛ̄l nyɛ. Màteò 14,30–31

Lòk Hebèr 13,1–9 :: 2 Tèsàlonīkà 2,1–12

28. Ŋgwà Kɔɔ, Màyɛsèp

Yèhovà à ŋkàl lɛ, Inyǔlē kìkìi ŋgìi yɔ̀ndɔ nì hìsi hi yɔndɔ, gwɔ̌m mè nsòmbol hêk, bi ganɔ̌m bisū gwěɛm, halā kì nyɛn mbōo nân ì ganɔ̌m, nì jòy linân. Yèsayà 66,22

Nàtanàèl à tímbhɛ lɛ, À Rabì, Ù yè Mǎn Nyāmbɛèɛ̀; ù yè Kiŋe Ìsrăèl. Yòhanès 1,49

Lòk Hebèr 13,10–16 :: 2 Tèsàlonīkà 2,13–17

TOBOTOBO : ɛ : "lait", ɛ́: arbre *** ŋ : "ing", áŋ : lire

Màyɛsèp (11)

29. Ŋgwà Jôn, Màyɛsèp
Hìlɔ hyada i kède bìkɔtɔɔ gwɔŋ hi nlɔ̀ɔ̀ hikoo hi dilɔ hɔma nûmpɛ. Hyèmbi 84,11/84:10

Yesù à kâl ɓagwaàl ɓee lɛ, Lɛlaa nì yeŋek mê? 'Ɓàa nì yik ɓe lɛ mè ǹlama ɓanɛ i ndāp Tàta à? Lukàs 2,49

Màsɔ̀ɔ̀là 21,10–14. 21–27 :: 2 Tèsàlonìkà 3,1–18

ŊGWÀNÔY BISU U AVÂŊ
Nŭnkì, kiŋɛ yɔ̌ŋ ì nlɔ̀ i wěnī. À mɓɔ̀ŋ mâm sep, à biyèmbèl. Sàkàrià 9,9b

Màteò 21,1–11 :: Romà 13,8–12 :: Sàkàrià 9,9–10

30. Ŋgwànôy, Màyɛsèp
Mùt à ganìiga ha ɓe muùt wèe liɓok, tɔ̀ mùt mǎsāŋ, i kàl lɛ, Yina Yèhovà; inyŭlē ɓɔɓasonā ɓa gayī meè, iɓòdòl nu ǹtidigi letèè nì nûŋkeŋi i kède yâp. Yèrèmià 31,34

Bìprǐsì bìkeŋi nì ɓàyimbēn ɓa tēhɛ ɓǎŋ màm ma helha à m̀ɓɔ̀ŋ, nì kìi ɓɔ̀ɔ̀ŋge ɓa ɓā lɔnd i tēmpèl ɓa kalàk lɛ, Hòsanà nì Mǎn Dāvìd; ǹ̀ɛm u hend ɓɔ. Ba kâl nye lɛ, 'Ɓàa ù nnɔ̄k kìi ɓāna ɓa mpɔ̄t ɛ? Nì Yesù à kâl ɓɔ lɛ, Ǹ̀ŋ; ɓàa nì ŋaŋàk ɓe lɛ, Ù bikùhul biɓegês gwɔŋ manyɔ̀ ma ɓɔn ɓàtidigi nì ma miŋkeŋee mi ɓɔn ɛ? Màteò 21,15–16

MÀKIŊ: (5) **Bas-Haut:** mǎn : bébé, fils de **** (6) **Haut-moyen:** ɓǎŋ : ne..pas, plus

BUK I SOŋ: Nyambɛ à ŋkàl lɛ, Ndi ɓèè ɓa nì ŋkɔ̀n joy jêm wòŋi, jòp li tɛlêbsep li gapēmel ɓee, li ɓangà ŋgùy i mèlès màkɔ̀n i sī bìpàbay gwee. Màlakì 3,20

1. Ŋgwà Njaŋgumba, Lìɓuylińyèe
Ɔm màpubi mɔŋ nì màliga mɔŋ; ma ega mè liyèèmɛ jɔŋ.
Hyèmbi 43,3

Simèòn à kāl lɛ, Hanânɔ, à Ŋwɛt, ŋwǎs ǹkɔ̀l wɔŋ u kɛnēk nì ǹsàŋ, kĭŋgèdà ɓàŋga yɔŋ; inyūlē mìs mêm ma ntɛhɛ tɔhi yōŋ, ù kòòɓa bīsū bi ɓoòt ɓɔɓasonā: Màpubi i ɓèyèy bìlɔ̀ŋ bìpɛ, Nì lìpem li ɓôt ɓɔŋ Isràèl. Lukàs 2,29-32

1 Petrò 1,8-13 :: Sàkàrià 1,1-6

2. Ŋgwà Ûm, Lìɓuylińyèe
Hyèlɛl mè ndi mè gahyèlɓa, inyŭlē ù yè Yèhovà Nyambɛ wèm. Yèrèmìà 31,18

Paul à kāl lɛ, À ɓôt, inyūki nì mɓɔ̄ŋ màm mana? Yàk ɓès kî dì yè ɓôt kàyàda kìkìi ɓee, dì nlɔ̀na ɓee Mìŋaŋ Mìnlam, lɛ ni ŋwǎs gwàŋgà bi mâm bini, ni hyélɓa ī pès Nyambɛ nū nìŋ, nu à hěk ŋgìi nì hìsi nì tuyê, nì gwɔ̀m gwɔbisonā bi ye mù. Mìnsɔn mi Baomâ 14,15

Lòk Hebèr 10,32-39 :: Sàkàrià 1,7-17

3. Ŋgwà Ŋgeè, Lìɓuylińyèe
Nì Mosè à kāl nyɛ lɛ, Ɓàa ù ŋkàm mɛ è? Yɔɔ̂! Ɓalɛ ɓôt ɓa Yehōvà ɓa ɓāk tɔ lē ɓa ɓa ɓapodoòl ɓɔɓasonā, nì lɛ, Yèhovà à kehī Mbuu wee ŋgìi yâp! ŋ̀aŋga Ɓôt 11,29

TOBOTOBO : **ɔ** : "fort", **ɔ́ŋ**: construire *** **e** : "thé", **èt** : peser le poids

Nì gakòs ŋgûy ŋgèdà Mbuu M̀pubi à galŏl ŋgìi nân.
Mìnsɔn mi Ɓaomâ 1,8

Kòlosè 1,9–14 :: Sàkàrià 2,1–9

4. Ŋgwà Mbɔk, Lìɓuylińyèe
Lɛ ɓɔ̀n ɓap kî, ɓa ɓā ɓāk ŋgi yī, ɓa ye lē ɓa nɔk nì nigîl ì kɔ̀n Yèhɔvà Nyambɛ nàn wɔ̀ŋi, ǹtel nì ganìŋ mu hīsī nì ŋkɛ̀ yàp Yɔrdàn lɛ ni yɔ́ŋ hyɔ̄. Ndììmbà Mben 31,13

Yàk ɓɛe, ɓàsaŋ, nì unɓaha ɓâŋ ɓɔ̀n ɓanân lɛ ŋɛm u lek ɓɔ̄, ndi tɔ̀ŋlana ɓɔ̄, nì niigà ɓɔ i kède màeba ma Ŋwɛt.
Èfesò 6,4

1 Tèsàlonìkà 5,1–6 :: Sàkàrià 2,10–17

5. Ŋgwà Kɔɔ, Lìɓylińyèè
Eba ɓès lɔŋgɛŋēm yɔŋ, à Yehōvà, u ti kì ɓès tɔhi yɔ̄ŋ.
Hyèmbi 85,8/85:7

Tɔhi i nlòl i Lòk Yudà. Yòhanès 4,22

Èzekìèl 37,24–28 :: Sàkàrià 3,1–10

6. Ŋgwà Jôn, Lìɓuylińyèe
Tɔhɔl hānaànɔ, dì nsɔ̄ɔhɛ wɛè, à Yehōvà! À Yehōvà, dì nsɔ̄ɔhɛ wɛè, ɓɔ̌ŋ ɓès lɛ di tɔɔ! Hyèmbi 118,25

Mbuu M̀pubi à kâl lɛ, ɓaglana mɛ Bàrnabà ɓɔ Sàulò inyùu ǹsɔn mɛ nsèble ɓɔ. Ɓa mäl ɓăŋ sōga je nì sɔɔhè, ɓa kehì ɓɔ mɔ̀ɔ̀ i ŋgìi, ɓa ɔm ɓɔ. Mìnsɔn mi Ɓaomâ 13,2–3

Fìlipì 1,3–11 :: Sàkàrià 4,1–14

Ŋ̀GWÀNÔY U ŃYONOS I'BAÀ U AVÂŊ

MÀKIŊ: (6) Haut-moyen: ɓăŋ : ne..pas, plus * (7) Moyen-bas: Wàda nân: l'un d'entre vous

Nùna ŋgìì ni paā mìŋɔ minân; inyŭlē kɔ̀blà nân i ŋkahal sèèŋgè. Lukàs 21,28

Lukàs 21,25–33 :: Yàkobò 5,7–11 :: Yèsayà 63,15–64,3

7. Ŋgwànɔ̀y, Lìɓuylińyèe
Yèhovà à mɓēdes ɓa ɓā ui. Hyèmbi 146,8

Hɔ̀dɔ, hɔ̀dɔ, mè nhɔ̄mb ɓee lɛ, nì gaɓā nì ŋèè, nì lɔndɔ̂k, ndi ŋ̀kɔ̀ŋ hisi u seêk; nì gakɔ̀n ndudù, ndi ndùdù nàn ì gayìla masee. Yòhanès 16,20

8. Ŋgwà Njaŋgumba, Lìɓuylińyèe
Ndi wè, tĕmb yāk Nyāmbɛ wɔ̀ŋ, u pēgɓaha nì sìŋgè Nyambɛ ŋēm ni mbàgi sēp, ù ɓèlèk Nyambɛ wɔ̀ŋ mis ŋgèdà yɔ̀sonā. Hòseà 12,7

Paul à ntìla lɛ, **Krĭstò Yesù à lɔ̀ɔ mūnu ŋkɔ̀ŋ hisi i tɔ̄hɔ̀ɔl ɓaɓɔ̀ŋɓeba, mu ī kède yáp mĕn mè yè nu bìsu. Ŋgɔ mè kŏs kɔ̀nàŋgɔɔ inyùu jàm lini, lɛ Yesù Krĭstò à ɓŏk ēba ndugi wɔŋgut yee yɔsonā i kède yêm, ndi halā a ɓa ndembèl inyùu ɓāpɛ ɓɔɓasonā ɓa gahēmlɛ nyɛ inyùu nìŋ ɓɔgā.** 1 Tìmòteò 1,15–16

Yèsayà 25,1–5 :: Sàkàrià 5,1–11

9. Ŋgwà Ûm, Lìɓuylińyèe
Ndi tɔ̀ nì maŋâp yàa, mè yè ndigi ǹlèlèm, tɔ̀ nì m̀bana ŋɔ mbu, mè gaɓā mè ŋgi haambàk ɓèè. Mè biɓègɛɛ ɓee; mè gaɓègɛɛ ki ɓèè, ŋ̀ŋ, mè gahāmbaa ɓee, mɛ sóŋ kì ɓèè. Yèsayà 46,4

Ti bìyik bi ɓodàà bi bī ye mìntìîk mi biyik lìpem.

TOBOTOBO : ɔ : "fort", ɓ́ŋ: construire *** e : "thé", èt : peser le poids

Lìɓuyliɲyèe (12)

1 Tìmòteò 5,3

Màsɔɔlà 2,1–7 :: Sàkàrià 6,1–8

10. Ŋgwà Ŋgeè, Lìɓuyliɲyèe
Jɔn, à Yehōvà Nyambê, ù yè ŋ̀kɛɲi, inyŭlē nûmpɛ à tà ɓe kìkìi wè, tɔ̀ Nyambɛ nûmpɛ à tà ɓee hànduk wê, kǐŋgèdà màm mɔmasonā dì m̀mâl nɔk ni mào mes. 2 Sàmuèl 7,22

Mè yè Alfa nì Òmegà, bìɓèe nì lìsuk, nu à mɓōk nì nu à nsōk. Màsɔɔlà 22,13

2 Kòrintò 5,1–10 :: Sàkàrià 6,9–15

11. Ŋgwà Mbɔk, Lìɓuyliɲyèe
Mè bigwēs wɛ nì gweha i ɓɔgā; jɔn lōŋgeɲēm yɛèm i tiŋī nì wè. Yèrèmià 31,3

Inyŭlē Nyambɛ à lòòha gwēs ŋkɔ̀ŋ hisi, jɔn à tinɛ pɔ̀mbè yèe ǹgwalâk Man, lɛ tɔ̀njɛɛ à nhēmlɛ nyɛ à ganīmil ɓee, ndi à gwèe nìŋ ɓɔgā. Yòhanès 3,16

Yèrèmià 31,1–7 :: Sàkàrià 7,1–14

12. Ŋgwà Kɔɔ, Lìɓuyliɲyèe
Ee', ki ù ŋ̀kan tɔ ŋgìi yɔ̀sonā, ù sōs nyɔnō!
Yèsayà 63,19/64:1

Aŋgèl ì kâl Marià lɛ, Nŭnkì, ù ganēmbɛɛ, u gwâl mǎn mùùnlom, ù gaɔ̀ nyɛ jòy lɛ YESŬ. À gaɓā mbììŋ mùt, à sèblàgà lɛ Màn nu Nūŋgìŋgiì. Lukàs 1,31–32

Lukàs 22,66–71 :: Sàkàrià 8,1–13

MÀKIŊ: (6) **Haut-moyen:** ɓáŋ : ne..pas, plus * (7) **Moyen-bas:** Wàda na̅n: l'un d'entre vous

13. Ŋgwà Jôn, Lìɓuyliɲ́yèe

Yèhovà à ŋkàl lɛ, Nùnakì, dìlɔ di nlɔ lɛ ŋ̀kɔ̀ŋ u ū gatììmba oŋa inyùu Yèhovà. Yèrèmià 31,38

Nì mè mè tɛhɛ ŋkɔ̀ŋ m̀pubhaga lɛ Yèrusàlɛ̀m yɔ̀ndɔ, u lolàk i ŋgìì yak Nyāmbɛɛ̀, u sohòk hisī, u ɓâk ŋ̀kŏbàgà wěŋgɔ̀ŋlɛ m̀ɓɔm u ŋɛŋgèp, u mɓɛm nlo wèè. Nì mè mè nɔk kiŋ kēŋi, ì lòlàk i ŋgìì, ì kàlàk lɛ, Nŭnkì, lap Nyambɛ ī ye ī kède ɓòt. Màsɔ̀ɔ̀là 21,2–3

1 Tèsàlonìkà 4,13–18 :: Sàkàrià 8,14–23

Ŋ̀GWÀNƆ̂Y U ŃYONOS MAÂ U AVÂŋ
Tiɓlana Nyāmbɛ wès mpombo njɛ̂l i mɓàmba mbɔk. Nùnakì, Ŋwèt lɛ Yèhovà à nlɔ̀, à ɓâk m̀pemba, wɔ̀ɔ̀ wee kî u gakàhap ni ànè. Yèsàyà 40,3.10

Lukàs 1,67–79 :: 1 Kɔ̀rintò 4,1–5 :: Yèsayà 40,1–11 :: Lukàs 3,1–20

14. Ŋgwànɔ̂y, Lìɓuyliɲ́yèe

À Yehōvà, mè nlōndol weè; à liaa jêm, ù kwèl ɓâŋ mè ndɔk. Hyèmbi 28,1

Ɲ̀ànè mbogôl sonda à sɔɔhɛ Yesù, nyɛ, Pɔt ndīk ɓàŋga, ndi hìlɔga hyêm hi gamàl. Lukàs 7,7

15. Ŋgwà Njaŋgumba, Lìɓuyliɲ́yèe

Nyɛn à uma inyùu màcàŋg mes, ɓa nyagāt nyɛ inyùu biɓòŋol gwes biɓɛ. Yèsayà 53,5

Nyambɛ à ɓaŋal ɓē hisìŋgisìŋgi hyee Man, ndi à sɛ̌m ndīgi nyē inyùu ɓèhɓɔbasonā, lɛla ni à gatī ɓe ki ɓès mâm mɔmasonā lòŋnì nyɛ? Romà 8,32

TOBOTOBO : ɔ : "fort", ɔ́ŋ: construire *** e : "thé", èt : peser le poids

Lìɓuylińyèe (12) 133

Màteò 3,1–6 :: Sàkàrià 9,9–12

16. Ŋgwà Ûm, Lìɓuylińyèe
À ŋɛm wêm, ɓɛ̌m Nyāmbɛ nyētāma nì ŋwèɛ; inyǔlē ɓɔdŋɛm yêm i nlòl i nyēnī. Hyèmbi 62,6/62:5

Dì ntèŋ miŋɛm nì ɓɔdŋɛm i masɔda, halā à yè lɛ nì màtihlɛ ma lipem li Nyambɛ Nùŋkɛŋi nì Ǹtɔhôl wès Yesù Krǐstò. Titò 2,13

Màteò 3,7–12 :: Sàkàrià 12,9–13,1

17. Ŋgwà Ŋgeè, Lìɓuylińyèe
Ŋgɔɔ nì ɓòt, ɓa ɓā nsèbel ɓeba lɛ lɔŋgê, nì lɔŋge kì lɛ ɓeba, ɓa ɓā ŋkàl lɛ, Jǐbè li ye màpubi, màpubi kî jǐbè! Yèsayà 5,20

Ɓeba i yèmbel ɓáŋ wè, ndi yèmbel ɓēba lòŋnì lɔŋgê. Romà 12,21

Sòfònià 3,14–20 :: Sàkàrià 14,1–11

18. Ŋgwà Mbɔk, Lìɓuylińyèe
Tiɓlana mànjèl manân nì biɓòŋol binân, ndi mè gayèn ni ɓèè hana hɔma nunu. Yèrèmià 7,3

Inyùu jàm lini nyɛn ɓèèɓɔmèdɛ nì kòndgè yaga nyâmndà, i kède hēmlè nân nì nobgè lɛm lām; i kède lēm lām nì nobgè yi; i kède yī nì nobgè hodnyuu; i kède hōdnyuu nì nobgè honɓà; i kède hōnɓà nì nobgè sìŋgè Nyambɛ ŋēm; i kède sìŋgè Nyambɛ ŋēm nì nobgè gweha lisāŋ li ɓoòt; ndi i kède gweha lisāŋ li ɓoòt nì nobgè gwehâ. 2 Petrò 1,5–7

2 Kòrintò 1,18–22 :: Màlakì 1,1–5

MÀKIŊ: (6) Haut-moyen: ɓáŋ : ne..pas, plus * (7) Moyen-bas: Wàda nǎn: l'un d'entre vous

19. Ŋgwà Kɔɔ, Lìɓuylińyèe

Lìaa lìpe li ta ɓē ki tɔ̀ kìkìi Nyāmbɛ wès. 1 Sàmuèl 2,2

Mè nsōk kaāl lɛ, ɓana yāga ŋguùy i Ŋwĕt, nì i kède ŋgùy lìpemba jee. Èfesò 6,10

Yèsayà 11,10–13 :: Màlakì 1,6–14

20. Ŋgwà Jôn, Lìɓuylińyèe

Yosèf à hógɓaha bilògbinyâŋ, à podos ki ɓɔ̄ nì lɔŋgɛ ŋēm. Bìɓòdlɛ 50,21

Ni ɓana lɔ̄ŋgɛŋēm i kède nàn ɓèè ni ɓèe, nì lìyomba, nì ŋwèhlàgà kì ɓèè ni ɓèe, kìkìi yàk Nyambɛ à biŋwèhel ɓee inyùu Krǐstò. Èfesò 4,32

Yèrèmià 30,8–11a :: Màlakì 2,1–9

Ǹ̇GWÀNƆ̂Y U ŃYONOS MINÂ U AVÂŋ

Kɔ̀na màsee i Ŋwèt ŋgedà yɔ̀sonā. Mè ŋkòndɛ ki kàl lɛ, Kɔ̀na màsee. Ŋwĕt à gwèe nì mɔ̀ɔ. Fìlipì 4,4.5b

Lukàs 1,26–56 :: Fìlipì 4,4–7 :: Yèsayà 62,1–5 :: 2 Kɔ̀rintò 1,18–22

21. Ŋgwànɔ̂y, Lìɓuylińyèe

Yèhovà à ŋkàl lɛ, Ŋgɔ bini bi ye gwɔ̌m wɔ̀ɔ wêm u hɛ̆k, jɔn gwɔ̀m bini gwɔbisonā bi tee hālà. Ndi nunu nyɛn à yè mùt mè gayìmbɛ: ǹ̇tɛhɛbìkùù, nu ǹ̇em wee u ńyɔ̀dɔ̀p, nì nu ǹ̇em u mɓōo macèl inyùu lìpodol jêm. Yèsayà 66,2

Ndi i ŋgedà lɔŋgɛŋēm i Nyambɛ Ǹ̇tɔhɔ̂l wès i nēnē, yàk nì gweha à ŋgwēs ɓoòt, ha nī nyɛn à tɔhɔl ɓès, hà inyùu

---

TOBOTOBO : ɔ : "fort", ɔ́ŋ: construire *** e : "thé", èt : peser le poids

Lìɓuylińyèe (12)

ɓē lɛ dì bigwèl minsɔn kìkìi ɓòt ɓa tee sēp, ndik inyùu kɔ̀nàŋgɔɔ yeē yɔ̀tama. Titò 3,4–5

22. Ŋgwà Njaŋgumba, Lìɓuylińyèe

Ŋgɔɔ nì nu à mɓùlhɛnɛ nyɛmèdɛ gwɔ̀m bi ta ɓē gwēe! Letèɛ nì ŋgèdà mbɛɛ? Hàbakùk 2,6

Yesù à ŋkàl lɛ, **Nu à yè màliga i kède ndèk mâm, à yè kì màliga i kède ŋgàndàk; nu kì à tee ɓē sep i kède ndèk mâm, à tee ɓē ki tɔ̀ sep i kède ŋgàndàk.** Lukàs 16,10

Màsɔɔ̀là 22,12–17.20.21 :: Màlakì 2,10–16

23. Ŋgwà Ûm, Lìɓuylińyèe
Yàk ɓèɛ ɓôt ɓa lôŋ ɓɔɓasonā, lèdhana mànyùu. Halā nyēn Yèhovà à ŋkàl. Gwèlgana ǹsɔn, inyŭlē mè yè nì ɓèɛ! Haggai 2,4

Mùt à nsāl puā à gaɓùmbul ki pùa; ndi nu à nsāl ŋgandàk à gaɓùmbul ki ŋgàndàk. 2 Kòrintò 9,6

Yèsayà 7,10–14 :: Màlakì 2,17–3,12
U MPUBHAGA
Nì kɔ̀n ɓâŋ wɔ̀ŋi, nùnakì, mè nlègɛl ɓeɛ Ŋwìn Ñlam u masee màkɛŋi wɔn u gaɓā inyùu ɓòt ɓɔɓasonā; inyŭlē Ǹtɔhɔ̀l à ŋgweenɛ ɓeɛ ŋkɔ̀ŋ Davìd i lěn ìni, nu à yè Krǐstò Ŋwèt. Lukàs 2,10b.11

Lukàs 2,1–20 :: Gàlatìà 4,4–7 :: Yèsayà 9,1–6 :: Èzekìèl 37,24–28

24. Ŋgwà Ŋgeè, Lìɓuylińyèe
Tɛlêbsep i ye hìkùù hi yēnɛ yɔŋ anè, nì mbàgi sēp; ɓonyoni yɔŋ i mɓòk wɛ bīsū, nì màliga.
Hyèmbi 89,15/89:14

MÀKIŊ: (6) Haut-moyen: ɓâŋ : ne..pas, plus * (7) Moyen-bas: Wàda nâ̰n: l'un d'entre vous

Bàŋga i yìla mùt, i yēn ki i ɓĕhnī [dì tɛhɛ lìpem jee, lìpem wĕŋgɔŋlɛ li pɔmbɛ̀ Măn ì nlòl yak Ìsaŋ], ǹyɔnɔ́k nì kàrîs nì màliga. Yòhanès 1,14

ŊGÀND KRĬSTÀK
Bàŋga i yìla mùt, i yēn ki i ɓĕhnī dì tɛhɛ lìpem jee. Yòhanès 1,14a

Yòhanès 1,1–5.9–18 :: Tìtò 3,4–7 :: Yèsayà 52,7–10

25. Ŋgwà Mbɔk, Lìɓuylińyèe
À Yehōvà, tèmbna ɓès i wĕnī, ndi dì gatèmb! Ɓɔ̆ŋ lē̄ dìlɔ ces di tēmb yɔ̀ndɔ kìkìì di ŋgedà kwàŋ. Mìnlend mi Yerèmià 5,21

Ǹtɔhɔ́l à ŋgweenɛ ɓee ŋkɔ̀ŋ Davìd i lĕ́n ìni, nu à yè Krĭstò Ŋwèt. Lukàs 2,11

Bàŋga i yìla mùt, i yēn ki i ɓĕhnī dì tɛhɛ lìpem jee. Yòhanès 1,14a

Màteò 1,18–25 :: Lòk Hebèr 1,1–14 :: Yèsayà 7,10–14

Nyĕmb ɓàpubhaga ɓa Yehōvà ì yè tik jàm i mìs mee. Mɛ̀ gasèmel wɛ sèsɛmà inyùu tī màyègà; mɛ sebēl kì jòy li Yehōvà. Hyèmbi 116,15.17

Màteò 10,16–22 :: Mìnsɔn mi Ɓaomâ 6,8–15; 7,1–60 :: 2 Mìŋaŋ 24,19–21 :: Lòk Hebèr 10,32–39

26. Ŋgwà Kɔɔ, Lìɓuylińyèe
Màɓehna ma Yehōvà ma tee, ma ŋkònha ŋem màsee; lìtìŋ li Yehōvà li ye lìpubi, li ńyìbil ɓôt mìs. Hyèmbi 19,9

TOBOTOBO : ɔ : "fort", ɔ́ŋ: construire *** e : "thé", èt : peser le poids

Ndi bɔbasonā ɓa ɓā ɓa yiī ntōŋ ɓakeês ɓa ɓɔ̄k ɓǎŋ Stèfanò mìs, ɓa tɛhɛ su wee, wěŋgɔ̀ŋlɛ su aŋgèl.
Mìnsɔn mi Ɓaomâ 6,15

27. Ŋgwà Jôn, Lìɓuylińyèe

Mè galɔ̄ lôŋnì mìmpemba mi minsɔn mi Ŋwɛt le Yèhovà; mè gasīma tɛlɛèɓsep yɔŋ, ìyɔŋ yɔtāma yaga. Hyèmbi 71,16

Ndi inyùu ɓā ɓā ye ǹsěɓlàgà, Lòk Yudā nì ɓôt ɓa Grîkìà, Krǐstò à yè lìpemba li Nyambê, nì pèk Nyambê.
1 Kɔ̀rintò 1,24

Yòhanès 21,20–24 :: Yòhanès 1,1–5

Dì tɛhɛ lìpem jee, lìpem wěŋgɔ̀ŋle li pɔmbè Mǎn ì nlòl yak Ìsaŋ, ǹyɔnôk nì kàrîs nì màliga. Yòhanès 1,14b

Lukàs 2,22–40 :: 1 Yòhanès 1,1–4 :: Yèsayà 49,13–16 :: Hiòb 42,1–6

28. Ŋgwànôy, Lìɓuylińyèe

Nǔnkì, kinjē lɔ̄ŋgɛè nì màsee i ŋgèdà lìsaŋ li ɓôt li ńyèn ni àdnà! Inyúlē nyɔ̄ɔ nyēn Yèhovà à kèlel màsɔda, nìŋ yaga mɓa ni m̀ɓa. Hyèmbi 133,1.3

Lìpem li ɓa nì Nyambɛ nyɔ̄ɔ ŋgìŋgìì, nì ǹsaŋ hana hisī, sòmbòl lam inyùu ɓôt ɓa nlēmel nyɛ. Lukàs 2,14

29. Ŋgwà Njaŋgumba, Lìɓuylińyèe

Ndi ù ɓa ɓǎŋ nɔ̄nɔk, à Yehōvà! À wɛ nū ù yè ŋgùy yèm, pala hōla meè! Hyèmbi 22,20/22:19

Lìpemba li Ŋwɛt li ɓā lòŋnì Yesù i mèlès màkɔ̀n.
Lukàs 5,17

1 Yòhanès 4,12–16a :: Yòhanès 1,9–13

MÀKIŊ: (6) Haut-moyen: ɓǎŋ : ne..pas, plus * (7) Moyen-bas: Wàda n**ā**n: l'un d'entre vous

30. Ŋgwà Ûm, Lìɓuylińyèe
Yèhovà à kâl Mosè lɛ, Ù bilèba karîs i mìs mêm, mè ńyī ki wè nì jǒy. Mànyɔ̀dì 33,17

Ŋgɔ̀k hìkùù hi Nyambɛ ì mpìŋglà ɓee, lakìi ì gwèe īni ɓēndel ŋkedlàk i ŋgìi yeē lɛ, Ŋwět à ńyī ìɓee.
2 Tìmòteò 2,19

Yèsayà 63,7–14 :: Yòhanès 1,14–18

U U NSŌK U ŊWII (ALTJAHRSABEND)
Ŋgèdà yèm yɔ̀sonā ì yè i wɔ̀ɔ̀ wɔŋ. Hyèmbi 31,16a

Màteò 13,24–30 :: Romà 8,31b–39 :: Ỉ̀aŋâl 3,1–15 :: Lòk Hebèr 13,8–9b

31. Ŋgwà Ŋgeè, Lìɓuylińyèe
Yèhovà à ntī nsàŋ i kède mbōk yɔɔ̀ŋ. Hyèmbi 147,14

Bàsaŋgâl ɓòt ɓa ye ǹsǎyɓàk, inyŭlē ɓa gasèblana lɛ ɓɔ̀n ɓa Nyambê. Màteò 5,9

NTOL2025

TOBOTOBO : ɔ : "fort", ɔ́ŋ: construire *** e : "thé", èt : peser le poids

KALIJGEDA 2025

KƆNDƆŊ (01)
1 Ŋgeè (Ŋwii Yənda)
2 Mbɔk
3 Kɔɔ
4 Jòn
5 Nàŋ

6 Njɑm.
7 Um
8 Ŋgeè
9 Mbɔk
10 Kɔɔ
11 Jòn
12 Nàŋ

13 Njɑm.
14 Um
15 Ŋgeè
16 Mbɔk
17 Kɔɔ
18 Jòn
19 Nàŋ

20 Njɑm.
21 Um
22 Ŋgeè
23 Mbɔk
24 Kɔɔ
25 Jòn
26 Nàŋ

27 Njɑm.
28 Um
29 Ŋgeè
30 Mbɔk
31 Kɔɔ

MACÉÀ (02)
1 Jòn
2 Nàŋ

3 Njɑm.
4 Um
5 Ŋgeè
6 Mbɔk
7 Kɔɔ
8 Jòn
9 Nàŋ

10 Njɑm.
11 Um: Ŋgúnd Wanda
12 Ŋgeè
13 Mbɔk
14 Kɔɔ
15 Jòn
16 Nàŋ

17 Njɑm.
18 Um
19 Ŋgeè
20 Mbɔk
21 Kɔɔ
22 Jòn
23 Nàŋ

24 Njɑm.
25 Um
26 Ŋgeè
27 Mbɔk
28 Kɔɔ

MÁTÙMB (03)
1 Jòn
2 Nàŋ

3 Njɑm.
4 Um
5 Ŋgeè
6 Mbɔk
7 Kɔɔ
8 Jòn
9 Nàŋ

10 Njɑm.
11 Um
12 Ŋgeè
13 Mbɔk
14 Kɔɔ
15 Jòn
16 Nàŋ

17 Njɑm.
18 Um
19 Ŋgeè
20 Mbɔk
21 Kɔɔ
22 Jòn
23 Nàŋ

24 Njɑm.
25 Um
26 Ŋgeè
27 Mbɔk
28 Kɔɔ
29 Jòn
30 Nàŋ: Rámádun

31 Njɑm.: (Rámádun)

MÁTƆP (04)
1 Um
2 Ŋgeè
3 Mbɔk
4 Kɔɔ
5 Jòn
6 Nàŋ

7 Njɑm.
8 Um
9 Ŋgeè
10 Mbɔk
11 Kɔɔ
12 Jòn
13 Nàŋ: Sɔndè Músèe

14 Njɑm.
15 Um
16 Ŋgeè
17 Mbɔk
18 Kɔɔ: Ŋgwá Ŋpubi
19 Jòn
20 Nàŋ: Paskà

21 Njɑm.
22 Um
23 Ŋgeè
24 Mbɔk
25 Kɔɔ
26 Jòn
27 Nàŋ

28 Njɑm.
29 Um
30 Ŋgeè

MPUYE (05)
1 Mbɔk: Ngǔnd i ɓolo
2 Kɔɔ
3 Jòn
4 Nàŋ

5 Njɑm.
6 Um
7 Ŋgeè
8 Mbɔk
9 Kɔɔ
10 Jòn
11 Nàŋ

12 Njɑm.
13 Um
14 Ŋgeè
15 Mbɔk
16 Kɔɔ
17 Jòn
18 Nàŋ
19 Njɑm.
20 Um: Admà Lɔŋ

21 Ŋgeè
22 Mbɔk
23 Kɔɔ
24 Jòn
25 Nàŋ

26 Njɑm.
27 Um
28 Ŋgeè
29 Mbɔk: Mañet mα Yesù
30 Kɔɔ
31 Jòn

HILÒNDÈ (06)
1 Nàŋ
2 Njɑm.
3 Um
4 Ŋgeè
5 Mbɔk
6 Kɔɔ : Tàbuski

7 Jòn
8 Nàŋ : Pèntèkôt

9 Njɑm.
10 Um
11 Ŋgeè
12 Mbɔk
13 Kɔɔ
14 Jòn
15 Nàŋ

16 Njɑm.
17 Um
18 Ŋgeè
19 Mbɔk
20 Kɔɔ
21 Jòn
22 Nàŋ

23 Njɑm.
24 Um
25 Ŋgeè
26 Mbɔk
27 Kɔɔ
28 Jòn
29 Nàŋ

30 Njɑm.

KÀlɪGEDÀ 2025

NƚƁÀ (07)
1 Kɔɔ
2 Dgeè
3 Nɔ̀y
4 Kɔɔ
5 Jòn
6 **Nɔ̀y**

7 Njun.
8 Um
9 Dgeè
10 Mbɔk
11 Kɔɔ
12 Jòn
13 **Nɔ̀y**

14 Njun.
15 Um
16 Dgeè
17 Mbɔk
18 Kɔɔ
19 Jòn
20 **Nɔ̀y**

21 Njun.
22 Um
23 Dgeè
24 Mbɔk
25 Kɔɔ
26 Jòn
27 **Nɔ̀y**

28 Njun.
29 Um
30 Dgeè
31 **Mbɔk**

27

28

29

30

HIKAJ (08)
1 Kɔɔ
2 Jòn
3 **Nɔ̀y**

4 Njun.
5 Um
6 Dgeè
7 Mbɔk
8 Kɔɔ
9 Jòn
10 **Nɔ̀y**

11 Njun.
12 Um
13 Dgeè
14 Mbɔk
15 **Kɔɔ: Ɗgàınd Màrià**
16 Jòn
17 **Nɔ̀y**

18 Njun.
19 Um
20 Dgeè
21 Mbɔk
22 Kɔɔ
23 Jòn
24 **Nɔ̀y**

25 Njun.
26 Um
27 Dgeè
28 Mbɔk
29 Kɔɔ
30 Jòn
31 **Nɔ̀y**

31

32

33

34

35

DIPƆS (09)
1 Njun.
2 Um
3 Dgeè
4 Mbɔk
5 Kɔɔ
6 Jòn
7 **Nɔ̀y**

8 Njun.
9 Um
10 Dgeè
11 Mbɔk
12 Kɔɔ
13 Jòn
14 **Nɔ̀y**

15 Njun.
16 Um
17 Dgeè
18 Mbɔk
19 Kɔɔ
20 Jòn
21 **Nɔ̀y**

22 Njun.
23 Um
24 Dgeè
25 Mbɔk
26 Kɔɔ
27 **Nɔ̀y**

29 Njun.
30 Um

36

37

38

39

BIÒÒM (10)
1 Jòn
2 Mbɔk
3 Kɔɔ
4 Jòn
5 **Nɔ̀y**

6 Njun.
7 Um
8 Dgeè
9 Mbɔk
10 Kɔɔ
11 Jòn
12 **Nɔ̀y**

13 Njun.
14 Um
15 Dgeè
16 Mbɔk
17 Kɔɔ
18 Jòn
19 **Nɔ̀y**

20 Njun.
21 Um
22 Dgeè
23 Mbɔk
24 Kɔɔ
25 Jòn
26 **Nɔ̀y**

27 Njun.
28 Um
29 Dgeè
30 Mbɔk
31 Kɔɔ

40

41

42

43

MÀYESÈP (11)
1 Jòn
2 **Nɔ̀y**

3 Njun.
4 Um
5 Dgeè
6 Mbɔk
7 Kɔɔ
8 Jòn
9 **Nɔ̀y**

10 Njun.
11 Um
12 Dgeè
13 Mbɔk
14 Kɔɔ
15 Jòn
16 **Nɔ̀y**

17 Njun.
18 Um
19 Dgeè
20 Mbɔk
21 Kɔɔ
22 Jòn
23 **Nɔ̀y**

24 Njun.
25 Um
26 Dgeè
27 Mbɔk
28 Kɔɔ
29 Jòn
30 **Nɔ̀y**

44

45

46

47

48

LIBUTLINYÈE (12)
1 Njun.
2 Um
3 Dgeè
4 Mbɔk
5 Kɔɔ
6 Jòn
7 **Nɔ̀y**

8 Njun.
9 Um
10 Dgeè
11 Mbɔk
12 Kɔɔ
13 Jòn
14 **Nɔ̀y**

15 Njun.
16 Um
17 Dgeè
18 Mbɔk
19 Kɔɔ
20 Jòn
21 **Nɔ̀y**

22 Njun.
23 Um
24 Dgeè
25 **Mbɔk: Lágwee li Yesù**
26 Kɔɔ
27 Jòn
28 **Nɔ̀y**

29 Njun.
30 Um
31 Dgeè: Lisuk li ŋwii

49

50

51

52

LIBAM LI MAKEDEL NI MAKIŊ: NCK - PƆT - AŊ - TILA

a A àt : unir káp : partager	b B bìlim : malheur kàbnà : se partager	ɓ B (ɓúsúu) ɓóm : marché kàɗɓá : se vanter	c C (church) cèl : refuser mócèl : le sang	d D (don) dìlèà : cri de joie pàdà : un prêtre	e E (thé) èt : peser le poids kèɓèl : donner
ɛ Ɛ (lait) èɛ̀ : pleurer ègɛ̀p : rester perplexe	f F (faire) fɛt : complet (ête)	g G (go) pàgi : gorille ɓègɛ̀ : porter	h H (hot) hòbi : quitter tchɛ́ : porter	i I (il) iɓòdòl : à partir de ìdìl : être lourd pour	j J (job) jàm : une chose bìjɛk : nourriture
k K (kilo) kàgà : lit en bambou lìkàk : promesse	l L (lot) lìm : se taire mèlɛ̀s : terminer	m M (mot) mùt : être humain pàmnà : sortir avec	n N (nom) nùn : regarder hìnùni : oiseau	ŋ Ŋ (sing) ŋgɛ̀n : renommée sìŋ : lutter	o O (lot) òt : dessiner ɓòdòl : commencer
ɔ Ɔ (port) ɔ̀k : maudire sɔ̀p : verser	p P (pur) pà : soulever nùp : arracher	r R (route) ɔrɔ : genre banane plantain	s S (sable) sɛsɛp : une mare sà : prendre de force	t T (table) tàmb : chaussure lìtìŋ : une loi	u U (tout) ùɓè : tremper tùk : jouer
v V (vivre) vàŋyà : s'affaisser lìwɔ : les pleurs	w W (we) wàà : arracher lìwɔ : les pleurs	y Y (loyal) yèn : s'asseoir sàyùp : bénir	z Z (zone) zàzù : extravagance	Nouvelles Lettres (5): 1) ɓ, Ŋ, ɓɛp: battre 2) c, C, cèl : refuser 3) ɛ, Ɛ, ɛp: envoyer	Nouvelles Lettres (5) 4) ŋ, Ŋ, ŋɛŋ : une histoire 5) ɔ, Ɔ, ɔdà : dessiner
TON HAUT: kop kóp : poule nɔ̀l nɔ́l : tuer	TON BAS: dt dt : coudre nɔ̀l nɔ̀l : rire	TON MOYEN: sɔsɔ̄ : grand	TON HAUT BAS: pɛ̂n : peinture lɛmbɛ̂ : mentir	TON BAS HAUT: jǒy : le nez mǎn : bébé	ɓǎŋ me..plus : Haut-moyen ɓāŋ ǹsɔmb kìlɔ̌k : moyen bas

YÌGÎL I MAKEDÊL NÌ MÀKIIŊ MA HƆP BASÀA - BÌEDEL

MÀKIIŊ - TONS – TONES (7):	MÀKEDÊL - LETTRES SPECIALES (5)
(1) **Haut**: kop/kóp : poule, verser	(1) ɓ 'B : **ɓ**ep : frapper (b "implosif")
(2) **Bas**: nɔ̀l/nɔ̀l : rire	(2) c C : **C**àd : Tchad "**tch**" dans **Tchad**
(3) **Moyen**: sōsō̄ : grand	(3) ɛ E : ɛ / **Ɛ** : un arbre "**ai**" dans **lait, laid**
(4) **Haut-Bas**: pên : peinture (Ton Descendant)	(4) ŋ Ŋ : áŋ : lire "**ing**" dans **camping** (anglais)
(5) **Bas-Haut**: mǎn : bébé, fils de (Ton Montant)	(5) ɔ Ɔ : ɔ́ŋ / **Ɔ**ŋ : Construire "**o**" dans **fort, corps**
(6) **Haut-moyen**: ɓāŋ : ne..pas, plus	
(7) **Moyen-bas**: Wāda nā̀n: l'un d'entre vous	

LELAA Ù ŊKÒS NÎŋ I ƁƆGĀ?

Iɓālē ù m̀pahal tɔy biɓeba gwɔŋ nì màliga mɔmasonā, ù nɛɛbè, nì hemlè kì le nyɛ̌mb Yēsù i ŋgìi mbāsa ì ntɔ́hɔl we nì bìɓeba gwɔŋ, tùge yee i ntī we nìŋ ɓɔgā, ù lɛeɣe kī nyē i kède ŋ̀em wɔŋ kìi Ǹtɔhɔ́l nì Ŋwèt wôŋ, wɛ̀ɛ ù ŋ́kós nìiŋ ɓɔgā.

MÀSƆƆHÈ MANA MA GAĒGA WE Ī LƐɛGƐ̀ YESÙ:

À Yesù, Mǎn Nyāmbeɛ̀, mɛ ńyī le mɛ̀ yè mùt màcàŋg, mɛ ńwɔ́ nyuu à Ŋ̀wet, inyùu màm màɓɛ mɛ̀ biɓɔ̀ŋ. Mɛ̀ ŋɔop ni bīsū gwɔŋ i yɛ̀mhɛ̀ wè le u ŋwehēl mɛ̀ bìɓeba gwɛ́m. Mɛ̀ sɔɔhègɛ kì lē màcèl mɔŋ ma pubus mɛ̀, ma joā kì mɛ̀. Sɔdɔl mɛ̀ i mɔ̀ɔ ma mût m̀ɓɛ, ù ŋwàs ɓáŋ le me tímba sōobɛ i kède ɓɛba. I lɛ̌n ìni, mɛ̀ nlōndol we lɛ̄ u jóp ī nìŋ yɛ̂m, u anē ŋ̀em wɛ̂m, nì m̀buu wɛ̂m, nì nɔm yɛ̂m yɔsɔnā. Lɔ̀ɔ nī, u ɓa Kīŋe yɛ̂m nì Ǹtat wɛ̂m. Ega mɛ̀ i njěl nìŋ ɓɔgā. Gwěl mɛ̀ i wɔ̀ɔ, u yilīs mɛ̀ màn wɔ̂ŋ. Hola kì mɛ̀ le me yegle ī njěl tɛlêbsep lɛtɛ̀ɛ̀ nì màtɛ̀mb mɔŋ. Àamèn. (1Yòh. 1:8-10; Rom. 3:22-23; Èf. 2:8-9)

Iɓālē ù ǹsɔɔhɛ halā nì hemlè, yi lɛ̄ Yesù à ŋ̀emble wê, à kôble ki wɛ̀. Ù nlà sɛɓɛl ɓes tɔ̀lɛ u koōge **Ǹtoŋ Lôk Krístò** ɓɛbɛ̀ɛ̀ inyùu ɓàt màholâ, lɛlaa ù nlà naŋ likɛ̀ jɔŋ ni Nyāmbeɛ̀.

Ŋwèt a sayáp wɛ̀.

Inyùu sèbèl ɓěs:
Tel.: 696793135 / 677974556 / 673176952

HOW FO GET LIFE WEY E NO DI FINISH?

If you tru tru gri fo inside your heart say Jesus (pikin fo God) bi die fo cross for comot you fo die and fo free you fo all your bad bad thing dem, and say e bi comot (wake up) fo die for give you life wey e no di finish, and you gri for your heart say e bi na popo your papa and na man wey e fit help you (Saviour), **then u don tru tru get dat life wey e no di finish.** (1 Jn. 1:8-10; Rom. 3:22-23; Eph. 2:8-9)

THIS KIND PRAYER FIT HELP YOU:

Papa Jesus, pikin fo God, I know say I bi bad man, my heart di worry worry fo all the bad bad thing wey I don do. I di kini before you say make you get sorry heart and forgive me because I bi bad man. I di also pray and di gri say the blood wey e bi comot for your wound time wey you bi die fo cross go wash all my bad bad thing dem and make fo clean again. Comot me fo devil e hand so say I no go go back for my bad bad thing dem. Just now, I di beg you fo come enter inside my heart and for control my heart the way wey you wantam. Papa God, abeg come hold my hand and give me power fo follow this good road fo life wey e no di finish till the day wey you go come back for take me go heaven, Amen.

If you don pray this prayer with all your heart, know say tru tru, Jesus bi hear you and e don answer your prayer. You fit call we or go fo any church way e sabi Jesus Christ so say you go di grow inside God palaver.

Make God bless you plenty plenty!

You can contact us here:
Tel.: (+237) 696793135 / 677974556 / 673176952

COMMENT OBTENIR LA VIE ETERNELLE ?

Si tu **confesses vraiment** tes péchés en toute sincérité, et tu acceptes et crois que la mort de Jésus-Christ sur la croix te délivre et te purifie de tout péché, sa résurrection te donne la vie éternelle, et tu l'acceptes dans ton cœur comme ton Seigneur et Sauveur, **tu as reçu la vie éternelle.**

LA PRIÈRE SUIVANTE PEUT TE GUIDER:

Seigneur Jésus, Fils de Dieu, je sais que je suis un pécheur, je suis confus et brisé pour les péchés que j'ai commis. Je me rends à genoux devant ton Trône de grâce, pour implorer ton pardon et te dire : "Seigneur, Aie pitié de moi, qui suis un pécheur". Je prie également que ton sang versé sur la croix pour moi, me purifie et me lave de toute iniquité. Arrache-moi des mains de l'ennemi, et ne permets pas que je replonge sous le joug du péché. Aujourd'hui même, je t'implore aussi d'entrer dans ma vie et de la diriger selon ta volonté. Viens donc Seigneur, conduis-moi et affermis-moi sur le chemin du Salut et de la Justice, jusqu'au jour de Ton retour triomphant. Amen. (1 Jn. 1:8-10; Rom. 3:22-23; Eph. 2:8-9)

Si tu as fait cette prière avec Foi, sache que le Seigneur Jésus, dans sa fidélité, t'a bien écouté et répondu. Vous pouvez nous appeler ou vous rapprocher d'une Eglise du Christ pour assurer votre croissance spirituelle.

Que le Seigneur te bénisse !

Vous pouvez nous contacter ici :
Tel. : 696793135 / 677974556 / 673176952

HOW TO RECEIVE ETERNAL LIFE?

If you **truly confess** your sins in all sincerity, and you **accept and believe** that the death of Jesus Christ on the cross delivers you and cleanses you from all unrighteousness, his resurrection gives you eternal life, and you accept him in your heart as your personal Lord and Savior, you have **received eternal life.** (1 Jn. 1:8-10; Rom. 3:22-23; Eph. 2:8-9)

THIS FOLLOWING PRAYER CAN HELP YOU:

Lord Jesus, Son of God, I know that I am a sinner, I am troubled and broken-hearted for the sins I have committed. I go on my knees before your Throne of grace, to implore your forgiveness and say to you: "Lord, have mercy on me, who am a sinner". I also pray that your precious blood shed on the cross for me should purify and cleanse me from all iniquity. Rescue me from the hands of the evil one, and do not let me fall back into my sinful past. Even today, I do implore you to enter my life and lead it according to your will. Come dear Lord, lead me and strengthen me on this new path of Salvation and Righteousness, until the day of Your triumphant return. Amen.

If you have made this prayer in all Faith, know that the Lord Jesus, in his faithfulness, listened to you and already answered you. You can call us or contact any Christ-believing Church for your spiritual growth.

May the Lord bless you richly!

You can contact us here:
Tel.: (+237) 696793135 / 677974556 / 673176952

WIE ERHÄLT MAN EWIGES LEBEN?

Wenn Sie Ihre Sünden wirklich in aller Aufrichtigkeit bekennen, den Sie akzeptieren und glauben, dass der Tod Jesu Christi am Kreuz Sie erlöst und von aller Ungerechtigkeit reinigt, und schenkt Ihnen seine Auferstehung ewiges Leben, und Sie akzeptieren ihn in Ihrem Herzen als Ihren persönlichen Herr und Erlöser, du hast ewiges Leben erhalten.

DIESES FOLGENDE GEBET KANN IHNEN HELFEN:

Herr Jesus, Sohn Gottes, ich weiß, dass ich ein Sünder bin. Ich bin besorgt und gebrochen wegen der Sünden, die ich begangen habe. Ich knie vor deinem Thron der Gnade nieder, um dich um Vergebung zu bitten und dir zu sagen: „Herr, erbarme dich meiner, der ich ein Sünder bin." Ich bete auch, dass Ihr kostbares Blut, das Sie am Kreuz für mich vergossen haben, mich von aller Ungerechtigkeit saubern und reinigt. Befreie mich aus den Händen des Bösen und lass mich nicht in meine sündige Vergangenheit zurückfallen. Auch heute noch flehe ich Sie an, in mein Leben einzutreten und es nach Ihrem Willen zu führen. Komm, lieber Herr, führe mich und stärke mich auf diesem neuen Weg der Erlösung und Gerechtigkeit, bis zum Tag Deiner triumphalen Rückkehr. Amen. (1 Yoh. 1:8-10; Rom. 3:22-23; Eph. 2:8-9)

Wenn Sie dieses Gebet in vollem Glauben gesprochen haben, wissen Sie, dass der Herr Jesus Ihnen in seiner Treue zugehört und Ihnen bereits geantwortet hat. Sie können uns anrufen oder sich für Ihr spirituelles Wachstum an jede christusgläubige Kirche wenden.

Möge der Herr Sie reich segnen!

Sie können uns hier kontaktieren :
Tel. : (+237) 696793135 / 677974556 / 673176952

CÓMO RECIBIR LA VIDA ETERNA?

Si verdaderamente confiesas tus pecados con toda sinceridad, y aceptas y crees que la muerte de Jesucristo en la cruz te libera y te limpia de toda maldad, su resurrección te da vida eterna, y lo aceptas en tu corazón como tu persona. **Señor y Salvador, has recibido la vida eterna.**

LA SIGUIENTE ORACIÓN PUEDE AYUDARTE:

Señor Jesús, Hijo de Dios, sé que soy pecador, estoy preocupado y con el corazón quebrantado por los pecados que he cometido. Me arrodillo ante tu Trono de gracia, para implorar tu perdón y decirte: "Señor, ten piedad de mí, que soy pecador". También pido que tu preciosa sangre derramada en la cruz por mí me purifique y me limpie de toda iniquidad. Rescátame de las manos del maligno y no permitas que vuelva a caer en mi pasado pecaminoso. Incluso hoy te imploro que entres en mi vida y la guíes según tu voluntad. Ven querido Señor, guíame y fortaléceme en este nuevo camino de Salvación y Justicia, hasta el día de Tu regreso triunfal. Amén.

(1 Jn. 1:8-10; Rom. 3:22-23; Efes. 2:8-9)

Si has hecho esta oración con toda Fe, debes saber que el Señor Jesús, en su fidelidad, te escuchó y ya te respondió. Puedes llamarnos o contactar a cualquier Iglesia creyente en Cristo para tu crecimiento espiritual.

¡Que el Señor los bendiga ricamente!

Puedes contactar con nosotros (nosotras) aquí:
Tel.: (+237) 696793135 / 677974556 / 673176952